你离优秀员工有多远

NI LI YOUXIU YUANGONG YOU DUO YUAN

张笑恒◎编著

北京工业大学出版社

图书在版编目（CIP）数据

你离优秀员工有多远 / 张笑恒编著 . —北京：北京工业大学出版社，2017.10
ISBN 978-7-5639-5655-5

Ⅰ. ①你… Ⅱ. ①张… Ⅲ. ①企业—职工—修养
Ⅳ. ① F272.92

中国版本图书馆 CIP 数据核字（2017）第 213673 号

你离优秀员工有多远

编　　著：张笑恒
责任编辑：宫晓梅
封面设计：点滴空间
出版发行：北京工业大学出版社
　　　　　　（北京市朝阳区平乐园 100 号　邮编：100124）
　　　　　　010-67391722（传真）　bgdcbs@sina.com
出 版 人：郝　勇
经销单位：全国各地新华书店
承印单位：三河市冠宏印刷装订有限公司
开　　本：710 毫米 ×1000 毫米　1/16
印　　张：13
字　　数：174 千字
版　　次：2017 年 10 月第 1 版
印　　次：2017 年 10 月第 1 次印刷
标准书号：ISBN 978-7-5639-5655-5
定　　价：27.00 元

前言

　　职场是人生舞台的一个缩影。有极尽谄媚的员工；有孤军奋战的员工；有默默无闻，百般努力却不得工作成效的员工；有斤斤计较的员工；有工作热情，能力超群的员工。每个员工都想在职场中展现出自己最为华美的一面，从而成就自己绚丽的人生。日出而作，日落而息是每一个员工的日常，若在自己的工作岗位上碌碌无为，无所成就，岂不辜负青春？

　　社会的发展给人们的生活带来了沧海桑田的改变，巨大的压力随之而来，人们在职场上希望纵横风云的愿望也因此变得尤为强烈，职场并不乏纵使撞破南墙也要在企业中争得一片蓝天的员工。然而，要想为自己争得一片蓝天，成就自己的人生，也绝非易事。首先，我们得做一名优秀的员工。欲成事，先正己。而做一名优秀员工的前提条件是，我们要弄清楚自己的不足，弄清楚自己与优秀员工的距离。

　　作为员工，你是否为企业投入了自己的忠诚与责任心？作为员工，你是否在企业中发挥了自己的价值？作为员工，你是否拥有很强的执行力？作为员工，你是否能与企业共命运……

　　优秀的员工对一个企业的价值是无可估量的；优秀的员工是从企业的立场去思考问题的；优秀的员工是"功劳"与"苦劳"兼备的；优秀的员工是不可替代的；优秀的员工是最具团队影响

力的；优秀的员工是从不抱怨的；优秀的员工是不与别人斤斤计较的。优秀的员工工作起来游刃有余，是一种静默的状态，但是却能发挥无穷的威力。

为了帮助人们早日实现自己在职场中的价值与梦想，本书结合现实案例，具体解读和分析员工在职场中所存在的问题，帮助人们缩短与优秀员工的距离，及早成为优秀员工，最终成就自己。相信本书一定可以帮助那些在职场中渴求上进却郁郁不得志的人，拨开云雾，最终看见光明。人生之路，困难重重，但只要我们不抛弃、不放弃，就一定会实现自己的梦想。

目录

第一章　有价值，才会实现价值

第二章　站在老板的立场上想问题，站在自己的立场上做事情

第三章　要多挣功劳，而不是多挣苦劳

第四章　打造核心竞争力，自身价值就是你最有力的法宝

第五章　不要孤军奋战，"独行侠"很危险

第六章 要知道，抱怨是始终无法解决问题的

第七章 虚心，方能长进

第八章 吃亏是福，别斤斤计较

第九章　同事不是你的劲敌，而是你的合作伙伴

第十章　高效沟通，工作起来游刃有余

第十一章　心中有尺度，嘴上有分寸

第一章
有价值，才会实现价值

你是公司的资产，还是负债

日本企业家松下幸之助曾经说过："公司不赚钱，就是犯罪。"作为员工就必须为公司创造利润，让自己成为公司的资产，否则就会成为公司的负债。每个公司都是以营利为目的的，这也是公司立身与发展之根本。

从老板的角度来说，他为了尽可能地创造更多的利润，会努力增加公司资产，清除负债。一旦员工不能为公司创造价值，就会被列入"清除"的名单。而那些能够持续不断为公司创造利润的员工，则会受到老板的器重。

员工应该时刻想着为公司赚钱，并把这当成是自己的责任和义务。只有这样，员工才能创造性地工作。很多人就是因为缺乏这种态度，一遇到困难就放弃，结果不但不能创造价值，反而浪费了资源。

在抱怨自己得不到重用、无法拿到高薪、无法晋升之前，我们首先应该衡量一下自身的价值。我们的价值决定了在公司里的地位。对于一个公司来说，能创造价值的人就是资产，不能创造价值的人就是负债。如果我们属于负债行列，那么我们是没有任何资格向公司要求什么的；如果我们是公司的资产，那么我们就会有很好的前景。

霍建宁是李嘉诚麾下薪金最高的一位。据《香港文汇报》报道，2007年度，霍建宁将1.48亿港元装入了自己的腰包。按照一年240个工作日计算，霍建宁平均每个工作日挣62万港元。霍建宁的名字还不断出现在世界著名财经杂志上，他还一度成为《福布斯》评选的非美国企业全球最高薪行政总裁的第一人。

霍建宁每年为什么能够从李嘉诚那里获得那么高年薪呢？答案就是，霍建宁为李嘉诚的企业创造了巨大的经济效益。

霍家宁1979年加入长江实业。1993年登上和记黄埔总经理之位。当时的和记黄埔是一个烫手山芋，在80年代后期，受海外业务亏损的拖累，和记黄埔的股价长期走低。霍建宁上任之后，公司不断进行重组，很快转亏为盈。其后，他又趁赫斯基有好表现，在加拿大借壳上市，为集团盈利65亿港元。此外，他又接手处理亏损多年的欧洲电讯业务，运用高超的资本运作技巧，再次扭亏为盈，为集团盈利超过1600亿港元，创造了全球商业界的一个神话。

现代社会竞争激烈，企业之间最大的竞争归根到底是人才的竞争。对于一个企业来说，人才积累得越多，它就越强。因此，企业非常注重人才的选拔，他们宁愿高薪聘请一个人才，也不愿用同样的薪水去聘请一群庸才。人才不在于多，而在于精，一个真正的人才所创造的价值远比一群庸才创造的价值要多得多。事实上，一个人才所创造的价值是远远超过他的薪水的，公司可以从中获得高额的回报。而一群庸才所创造的利润还不及他们的薪水多，长期下去，只会将企业拖垮。

如此一来，企业内部员工之间的竞争也就越来越激烈，我们只有做公司需要的"资产"，才能生存下去，否则就会被淘汰出局。任何一家公司想要良性运转下去，就必须为自己争取更多的资产，清除负债。我们如果不能被公司作为"资产"来保存，被"清除"也是迟早的事情。因此，我们必须增加自己的筹码，提升自身的能力，只有这样，我们才能在公司持久发展下去。

员工与公司的关系很简单，员工利用自身的能力为公司创造利润，公司则从员工所创造的利润中取出其中的一部分作为报酬回馈给员工。真正决定我们在公司的地位和享有的福利待遇的是我们自身的价值。我

们利用公司这个平台，把自身的能力转化为财富。如果我们不能创造足够的利润，公司自然也不会留下我们。因此，我们要做的就是使自己成为有价值的人，把自己打造成公司不可或缺的"资产"。

被利用说明你有价值

职场中经常会有人抱怨说自己的付出和回报是不成正比的，公司利用自己，剥削自己，压榨自己的剩余价值。其实，这个时候我们不应该抱怨，而应该感到庆幸。因为我们有价值所以才会被公司利用。

古人说："学成文武艺，货与帝王家。"我们多年来辛辛苦苦学习，为的就是有一天能够找到赏识我们的人，将自己的才华展现出来。而那些人之所以赏识我们就是因为我们有价值。如果我们身上没有价值，他们又何必赏识我们呢？既然如此，我们就没有必要抱怨。如果我们不想像被咀嚼过的甘蔗一样被抛弃，那么我们就努力提高自己可被利用的价值，只要我们始终有被利用的价值，那么我们就永远不会被遗弃。

职场中并不是每一个人都能够春风得意，更多的是那些默默无闻工作了一辈子的人，到头来始终在基层工作，甚至换来公司的解聘书的人。他们对职场心灰意懒。但是他们却从没有考虑过其中的原因。职场本来就是充满竞争的，大家都在奋勇争先，如果我们始终原地踏步，没有进步，那么相对来说，我们就是退步了。即使我们本本分分、任劳任怨，为公司勤勤恳恳地工作，也只能在基层徘徊，始终扮演着那个不起眼的角色。

孙励毕业于一家著名的财经学院，毕业之后，他进入了一家国企，成了这家企业财务部门的骨干。后来，他跳槽到一家通信公司，成了这家公司的财务部副经理。

在职场上一直顺风顺水的孙励愈发得意，他也因为这而失去了进取之心。就在他们公司的同事都在拼命考取"注册会计师执照"也就是高级职称的时候，他依然抱着自己当年考的"中级会计师职称证书"得意扬扬地上班。他认为一般公司对财务经理的要求也不过是中级职称罢了，没有必要去考高级职称。再说，高级职称有年龄的限制，现在就算是考下来也没有用处。但是没过多久，孙励就为此付出了代价。公司在选拔财务经理的时候，选了另外一个考取了注册会计师的同事，而不是有着丰富工作经验的孙励。孙励一气之下离开了公司。

到另一家公司之后，孙励成功成为一名中层干部。这家公司非常重视培训中层干部，经常在周末安排各种讲座，让中层干部参加学习。孙励认为公司在节假日里安排这样的讲座占用了自己的休息时间。于是他经常找借口不去。老板对于孙励的这种态度很不满意，孙励只好再次离开公司。

就这样，孙励来来回回地更换着自己的工作，没有一样工作能够长久地做下去。

一个人在职场中能够有什么样的发展完全取决于自身的努力程度，也就是提高自身被利用的价值。被利用价值与一个人的能力也不是成正比。关键是我们自身所具备的被利用的价值要与公司的需求相契合，也就是说我们身上所具备的价值正好是公司所需要的，否则，即使我们具有再高的价值也难以在职场中发展。每个公司对员工本身所具备的能力和素养要求是不一样的，我们要在某一个行业发展，就必须提高在这一方面的工作能力。当公司能够从我们身上发掘到源源不断的可利用价值，从我们身上获取高额利润的时候，我们的职业生涯就会前进一步。

我们不要抱怨公司对我们的利用，公司对我们的利用正是对我们的

肯定，我们从中可以提取被需要和被信任的信号，这对于我们的职业发展来说是一个喜讯。

充分实现自己的价值

每个人都有自己突出的能力，有时候我们自己难以发现这些能力。而在职场中，公司却最容易发现我们的能力，公司招聘我们就是为了最大限度地发挥我们的能力为公司创造利润和价值，因此，公司最能率先掌握我们的优势所在。

当我们的能力为公司创造了财富时，我们应该想想这是不是我们的核心价值所在，如果是的话，我们就要努力提高这方面的能力，将来这有可能成为我们职业生涯发展最大的助推力。

袁刚是一个电脑迷，大学的时候他就非常喜欢研究电脑，很多软硬件问题他都会处理。然而他并不是主修计算机专业的，也没有打算要从事相关的行业，他只是出于兴趣爱好，才研究的。

大学毕业之后，他成了一家公司的普通职员。无聊而烦躁的工作让袁刚感到非常苦闷，并没有太大能力的袁刚在公司里也一直没有得到重用。闲着无聊的时候，他就鼓捣计算机，经常自己开发个小软件。有一次，公司的电脑集体中毒，大家都束手无策，袁刚站了出来，他把公司的电脑全部都修好了，经理由此注意到了袁刚这位普通的职员。

从那以后，只要是电脑方面的问题，公司上上下下的人都来找他帮忙，袁刚本身就对计算机很感兴趣，也就来者不拒，虽然这占用了他很多时间，但是他从来都不抱怨。

就这样，过了半年的时间。经理助理的职位空缺，听说公司要从现有人员中选拔一个当经理助理，这激起了很多员工的兴趣，大家都一面希望这件好事能落到自己头上，一面又在猜测究竟谁能成为这个幸运儿。结果出来之后，所有的人都感到非常意外，一直没有什么突出业绩的袁刚竟然被选中了，袁刚自己也感到非常意外。

后来，袁刚才知道，自己能够入选最主要的原因就是自己在电脑方面的能力，外贸公司的工作离不开电脑，而经理本人对电脑并不是很了解，一旦出现问题还要找专门的公司前来维修，浪费资金不说，还耽误时间，正好袁刚在这方面很厉害，经理就把他提了上去。

一些职场人士在被公司"呼来唤去"占"小便宜"的时候，会感到非常厌烦，认为这家公司故意这样，让自己做超出本职范围的事情，压榨自己，因此常常会抱怨。事实上，这也许并不是一件坏事，也许这正是公司在向自己释放一种信号。公司招聘我们来，本来就是为了让我们创造价值，之所以会让我们做那么多额外的事情，看中的正是我们身上所具备的某种特殊的能力，只因为我们能够做好，公司才会让我们去做。这也就是说公司看中了我们的能力。这种能力为我们创造了职业生涯向前发展的一个很好的机会。

公司让员工做分外的事情并不是随意的，因为任何一件事情都关系到公司的发展，公司不可能随便地交给一个人来做，既然公司选择了我们，就说明我们身上的某种能力得到了公司的认可。只要我们发现这种能力并且努力提高这方面的能力，不遗余力地去做这些分外的事情，那么就等于是给我们自己增加了成功的砝码。

工作中的任何一件小事都能反映出很大的问题，我们必须要以良好的心态来面对，只有这样，我们才能为自己的职场发展提供新的助力。也许我们现在所从事的工作并没有充分实现我们最大的价值，在工作中，我们充分发挥的价值才是自己真正价值所在。

第一章 有价值，才会实现价值

7

是你需要工作，而不是工作需要你

在日趋激烈的竞争环境下，我们必须树立新的观念，那就是"是你需要工作，而不是工作需要你"。工作首先是用来满足我们生存需要的，既然需要生存，我们就必须工作，因此说，我们是需要工作的。现在需要工作的人太多，而工作岗位并不充足，因此，工作并不一定需要我们。在这种情况下，我们就失去了挑三拣四的资格，只能努力工作，只有这样，我们才能在职场中赢得未来。

既然是我们需要工作，那么我们就只能主动增强自身的实力，提高自身的价值，让工作离不开我们，只有这样，才能真正体现出我们的价值。在这种僧多粥少的情况下，我们想要改变这种被动的局面是不太容易的。我们只能积极主动寻求工作，并通过自己的努力得到认可。

夏风是一个勤勤恳恳的人，从他找到第一份工作到现在一直就没有换过。在 3 年的时间里，他工作努力，由普通职员晋升为部门经理，后又被派遣到下属分公司出任总经理。

已经是分公司总经理的他依然没有松懈。刚到分公司没多久，他就发现每天所有人都下班回家了，老板却还留在办公室里工作到很晚。他想老板在工作的时候，一定需要别人的帮忙，于是他就主动留了下来。

果然，老板在办公的时候，经常需要找一些文件资料。而忙得晕头转向的老板根本就不知道资料放到了哪里。这一天，他发现夏风没有走，于是就请夏风帮忙。从那以后，夏风就成了老板身边不可或缺的人。

很多时候，一些职场人士始终得不到重用，就是因为他们总是在考虑自己能够从工作中得到什么，而从不考虑自己究竟能给公司什么。他们所看到的是自己的付出没有得到回报，因此，他们总是抱着敷衍的态度来完成工作，自然就不会得到老板的重用。而那些职场中的成功人士，他们则恰恰与之相反，他们会欣然接受领导亲自部署的各项工作，并且高质量地完成。因为他们知道，这时才是自己表现能力的大好契机。

柯金斯在担任福特汽车公司总经理的时候遇到过这样一件事。有一天，总公司突然下发了一份非常重要的公告，要求尽快传达给所有营业处。柯金斯为了尽快完成任务，只能临时从其他岗位调派一些人帮助秘书完成这项任务。当他安排一个员工去帮忙套信封时，却意外地遭到了拒绝。这位员工很不耐烦地说："我有权拒绝，公司雇用我不是来套信封的，那不是我的工作。"

本来就已经很着急的柯金斯，听了这话，非常生气，他严厉地说："公司花钱雇用你，就是需要你在关键时刻付出劳动。既然你认为这不属于你的工作那么请另谋高就吧！"于是，这个不肯多付出的员工失去了工作。

现代社会分工细密，但是这并不意味着我们只要完成本职工作就可以。对于那些分外的事情，只要是需要我们，我们就应该主动帮忙。这正是向公司的领导展示自己的机会，为何要拒绝呢？一个不愿意付出的人，在任何一家公司都难以有所发展。因为从这一点就可以看出，这个人的工作态度有问题。谁愿意起用一个不愿意付出只想着回报的人呢？

不付出是肯定没有回报的。在我们需要工作的情况下，我们没有任何讨价还价的余地。只要是工作需要我们，我们就不应该推辞，只有牢牢地把握住每一次工作需要我们的机会，我们才有可能在职场生涯中赢得成功。

怀才不遇多半是自己造成的

"千里马常有，而伯乐不常有"成了现在很多人安慰自己最好的话，很多人都在抱怨自己怀才不遇，认为这个世界缺少伯乐，自己一身的才华没有施展的空间。然而他们却从来都不考虑自己为什么遇不上伯乐，为什么没有人愿意了解自己、赏识自己。怀才不遇最根本的原因并不是缺少伯乐，而是自己造成的。

有些人总是抱怨是别人不给自己机会，他们遇到一点挫折就开始自怨自艾："为什么就没有伯乐相中我呢?"问题问得是没错，但是态度是不对的。依照我们的态度，我们得出来的结论一定是别人有眼不识金镶玉。我们如果能够静下心来客观地想一下就会发现，其实并不是没有人愿意给我们机会，而是我们的表现根本就无法让人认为我们是一匹"千里马"。

那些职场上的成功人士，他们之所以能够得到别人的赏识而平步青云，是因为他们付出了努力，做出了成绩，向别人展示了自己的才能；我们之所以会怀才不遇，是因为我们没有付出，我们所做的事情不足以让别人认为我们是有才能的。我们如果总是不愿意付出，却希望能够拥有丰厚的薪水，那么我们就只能永远原地踏步。

苏瑾大学毕业的时候，应邀去主持了一个节目，之后，导演认为他很有才能，于是又要他扛起了编剧的活。

等到所有的工作都完成的时候，导演却不给他应得的报酬。导演不仅没有给他编剧的报酬，连本来商量好的主持的费用也扣掉了一半。苏瑾没有说什么，这让那导演很高兴，之后，那导演又多次找他录制节目。

到了年末的时候，台里新闻组的领导看上了苏瑾，想要把他培养成一个新闻主播。后来有一次，苏瑾再次遇到了那个导演。那个导演问他是否还介意从前的事，苏瑾摆摆手说："看您说的，那都是我自愿的。我觉得，不管在哪里工作，都不能上来就死盯着薪水不放，怎么着也要先干了再说。只要通过自己的努力，做出了成绩，薪水自然就会提高的。"

想要别人发现自己的才能，就必须要多做事，只有做出成绩，才能引起别人的注意。职场中的每一个成功者的成功都不是一蹴而就的，他们都是在不断地努力之下，才得到领导认可的。每个人都有急功近利的心态，总是希望自己能够很快被伯乐发现，从而提拔自己，使自己迅速成功。任何一家公司都不可能在很短的时间内就提拔一个人，即使你在这一段时间里做出了巨大的成就。

一些职场人士，尤其是刚步入职场的大学生们，总是非常浮躁。他们总是希望自己能够早日出人头地，因此，在工作一段时间没有成效的情况下，他们立刻就换工作，频繁地跳槽始终不能换来事业的上升，他们一直在平行线上跳来跳去。这一类人是最容易产生怀才不遇的感觉的。他们认为自己在每一份工作上都做出了不错的成绩，却始终没有人赏识。

每个公司都有自己考察人才的机制，对员工能力的考核要综合多方面，一时的表现并不能完整地展现一个人的能力。因此，公司总是会用很长的时间来考察一位员工。所以，我们必须要等待。一开始的时候，不要计较太多，即使自己做出了成绩。在我们一次次做出成绩之后，公司的领导们自然会注意到我们的存在。

拥有才能是成就事业的基础，能够展现才能是成就事业的保证。只

第一章 有价值，才会实现价值

11

有在拥有事业的基础上，始终不懈努力，才能赢来辉煌的职场生涯。我们要让伯乐见识到自己日行千里的能力，不要再做那匹怀才不遇的千里马。

不要做公司可有可无的人

在竞争激烈的职场，想要得到更高的职位，想要拥有高额的年薪，就必须把自己打造成一个不可替代的员工。看看现在的就业市场，找工作的人处处碰壁，有工作的人危机四伏。在这种情况下，我们只有拥有绝对的竞争力，才能始终立于不败之地。

我们应该确认自己在公司的地位。如果公司会对于我们的离职感到痛心疾首，并且竭力挽留，那么恭喜你，你已经是公司不可替代的员工了；如果公司领导对我们的离职感到惋惜，并且希望我们可以再考虑一下，那么我们就可以算得上是一名优秀的员工；如果公司对我们的离职感到惊吓，那么我们就可以算得上是一个合格的员工；如果公司对我们的离职毫无反应，那么就糟糕了，我们就成了公司可有可无的员工了。在职场竞争如此激烈的今天，可有可无的员工是没有地位的，他们随时都有可能被辞退。这样的人职场前途一片灰暗。

职场是一个你方唱罢我登台，长江后浪推前浪的地方，因此谁都有可能被替代，正因为如此，我们必须要让自己成为不可替代的人。只有这样，我们才能赢得职场生涯的成功。一个人是公司不可替代的员工的标准是什么呢？第一，公司运转离不开你；第二，没有人能够替代你的位置，任何人接替你的位置，都很难力挽狂澜。如果能做到这两点，那么恭喜你，你已经成功了。

查尔斯·施瓦伯，生于宾夕法尼亚州的一个山村里。18岁那年，施瓦伯来到钢铁大王安德鲁·卡内基的一个建筑工地打工。他和其他的打工者不一样，在别人因薪水低而消极怠工的时候，他依然在拼命地工作，并且利用休息的时间自学建筑学知识。

一天，施瓦伯正在利用休息时间看书的时候，正好被前来工地视察的经理看到。第二天，经理把施瓦伯叫进办公室问："你学那些东西干什么？"施瓦伯说："我想，咱们公司缺的不是水泥工，而是既有工作经验，又有专业知识的技术人员或管理者，不是吗？"经理点了点头。没过多久，施瓦伯就被提升为技师，后来又一步步成为公司的工程师。25岁那年，他成了这家建筑公司的总经理。

不久，施瓦伯遇到了卡内基的合伙人琼斯。琼斯发现这个建筑公司的总经理总是第一个来到建筑工地，于是就问他为什么来这么早。施瓦伯回答说："我早点来，要是有什么急事的话，就不至于被耽搁了。"琼斯很欣赏施瓦伯，提拔他做了自己的副手。后来，施瓦伯又成了钢铁大王卡内基的得力助手，成了钢铁集团的总经理。

有一次，摩根集团强硬提出要与卡内基进行合作。卡内基未予理会。于是摩根集团放话说如果卡内基拒绝合作，他们就会和卡内基最大的竞争对手贝斯列赫母钢铁公司联合起来对付卡内基。卡内基不得已只能安排施瓦伯与摩根集团商谈合作事宜。施瓦伯说："如果按照他们的要求谈判，他们一定会乐于接受，而我们则会损失一大笔钱。"施瓦伯向卡内基分析了眼前的形势，最终指出摩根集团和贝斯列赫母钢铁公司联合是不可能实现的。于是卡内基委托施瓦伯全权处理谈判事宜。施瓦伯不负所托，在谈判中为卡内基赢得了绝对的主动权。

每一家公司里总是会有那么一个或几个员工是不可替代的，他们在公司的运营和发展中起着至关重要的作用，如果没有他们，公司在一段时间内是难以正常运转的。除了这些员工，你无论多么优秀，都有可能被淘汰

掉。公司追求利益最大化，必然会选择最能够给公司带来利润的员工，只要是公司发现了比我们要好的员工，自然就会把我们换下来。因此，为了我们的职场发展，我们一定要努力使自己成为不可替代的员工。

无论我们在公司里处在什么样的位置上都始终是员工，是员工就有可能被取代，因此高职位并不代表着我们就已经稳如泰山了。要知道高职位意味着高薪，如果我们拿着高薪却不能为公司创造相应的利润，那么我们就很可能被公司淘汰掉。其实说到底，我们在公司里是否可有可无，关键就在于我们所创造的利润是否够大，如果我们创造的利润是公司利润的重要来源，那么我们的职场前途一定是一片光明的。如果我们所创造的利润只是其中的一小部分，那么我们就会随时面临被解雇的危险。

总而言之，无论在什么样的公司，都不能让自己在公司里的地位变成可有可无，那是非常危险的，公司是不会让我们白白拿薪水的。

把自己当成合伙人，成为老板最需要的人

英特尔公司总裁安迪·葛洛夫应邀对加州大学伯克利分校毕业生发表演讲时说："不管你在哪里工作，都别把自己当成员工——应该把公司看作自己开的一样。"当我们把公司看成是自己的，以合伙人的身份来对待公司事务，那么我们就会成为一个值得信赖的人，一个老板乐于雇用的人，一个可能成为老板最得力助手的人。

有人是在为自己工作，有人是在为他人工作。为自己工作的人会认为自己的员工很懒散，没有积极性；为他人工作的人则会认为老板太苛刻。如果我们总是把自己当成员工，那么就不会有高度的责任感和敬业精神，而这两点恰好是老板最需要员工具有的。如果我们把自己当成合

伙人，那么我们就成了为自己工作的人，我们就会千方百计地为公司的发展出谋划策，为公司的发展殚精竭虑。职业责任感和敬业精神就会在我们身上凸显，我们就会成为老板需要的人。同样工作对于我们来说就不再是煎熬，而是一种享受。

王轩现在已经是公司的主管了，同时，他也是老板最信赖的一个员工。老板经常和他讨论公司发展的问题。其实王轩并没有什么过人的能力，他也是从最基层一点一点做起的。

当初刚进公司的时候，王轩只是一名普通的业务员。在工作中他发现公司的很多文件和公司的运营方面存在很大的问题。于是他每天做完工作之后，就会对公司的一些资料进行整理、归类，并就公司的经营问题，提出自己的建议，写成书面报告。为此他查阅了很多关于经营管理的书籍。

当王轩把这份报告材料交给老板的时候，老板并没有在意，一个偶然的机会，老板读了王轩的这份报告，发现他的报告里有很多很有建设性的建议，这让老板非常吃惊。他没有想到自己的手下居然有这样细心的员工，这个员工对公司的关注甚至超过了自己。从此老板就特别留意王轩的一举一动。最终提拔他做了自己的左膀右臂。

对于老板而言，公司的生存和发展需要全体员工的努力。那些具有高度责任感和敬业精神的员工会为了公司的发展而兢兢业业、任劳任怨，老板自然也就会重用这种员工。其实，公司的利益本来就是和员工的利益相一致的。从表面上看，公司雇用员工工作是为了追求利益最大化，员工在公司工作是为了获得更多的报酬。但是从深层次来思考，公司的发展和盈利需要员工的努力工作，员工需要的丰厚的报酬必须从公司的利润中出。只有在公司有足够的盈余的情况下，员工才能得到想要的报酬。因此，公司和员工的利益从根本上来说是相同的。基于这一

15

点。员工应该把自己当成合伙人，公司是属于自己的，才会付出十二分的努力。员工只有从公司的利益出发，为公司的利益考虑，尽可能地维护公司的运行，才能成为老板真正需要的人，才能实现自己的职业理想。

李浩是公司的采购员，采购员是一个美差，很多员工都在采购的过程中拿回扣，揩公司的油。但是李浩不一样，他总是为公司的利益着想，尽量降低公司的成本。

华源公司是李浩他们公司的合作商，办公用品几乎都是从他们那里采购的。有一回，李浩出差看到同样的产品在其他地方比华源的要便宜很多。于是他打电话到华源公司问这件事情。华源公司的人告诉他那个价钱已经是最低价，不可能有任何优惠。后来，华源公司的业务经理请李浩吃饭，在饭桌上，他偷偷给李浩塞了一个红包。李浩拒绝了，并笑着说："我不是为了跟你要红包才给你们打电话，而是为了给我们公司节省成本。"同事们都劝李浩不用较真，反正也没有多少钱。但是李浩坚持要到其他地方去采购办公用品，中止了和华源的合作。

年终的时候，公司召开全体职工大会，会上老总亲自点名表扬了李浩。李浩回到部门办公室，看见桌上放着一个大红包和一封信，李浩拆开后看到了5万现金和一封采购经理入职信。

如果我们始终认为公司是老板的，和自己没有任何关系，我们只是替别人工作，工作得再多，再出色，得好处的还是老板，那么我们就会成为只知机械工作的人，按部就班地将自己的工作做完，工作缺乏积极性和活力，没事的时候还会想着偷偷懒。这样下去，我们永远也不会成为老板需要的人。

老板需要的是能够真心维护公司利益，为公司发展着想的员工。老板并不是万能的，他也有很多问题解决不了，他也希望身边有一个能够出谋划策，能够商量事情的人。也许为他们解决他们所碰到的问题不是我们职责范围内的事情，但是如果我们把自己当成是合伙人，那么我们就会非常乐意帮助老板解决这些问题。把自己当成老板的合伙人，我们就向成功路上迈进了一大步。

提升自己可被利用的价值

老板与员工之间的关系其实很简单。老板需要员工用自己的能力为公司创造利润，员工需要老板的帮助实现自身的价值。员工若想要得到老板的青睐，想要拥有辉煌的职场生涯，那么就必须提升自身的价值。

每个人刚生下来的价值都是零，随着成长中知识的积累和能力的提高，自身的价值也在逐渐地增加。人们在互相利用的过程中创造了更多的价值，实现了双赢。只要我们始终保持自身"被利用"的价值，我们就会赢得辉煌的人生。

在职场中，想要做一棵常青树，想要有所发展，就必须不断提升自身可被利用的价值。

浙江大学客座教授赵敏告诉我们要不断去增加被别人利用的价值。"被别人利用的价值"并不是一个贬义词，而是个人工作能力和创造价值能力的体现。个人职业生涯的发展，更多靠的是机会，机会是公司给我们的，公司之所以会给我们机会，是因为我们身上有值得公司利用的价值。一个人工作能力越强，被利用的价值越高，别人提供的机会越多，成功的概率越大。所以我们不但不要怕被别人利用，反而还要不断提高我们被利用的价值。

吴士宏出生于 20 世纪 60 年代，曾是北京椿树医院的一名护士。她仅仅凭借着一台收音机，用了一年半的时间就能说一口流利的英语了。后来，吴士宏决定到知名外企 IBM 公司应聘。

凭着扎实的基本功，吴士宏顺利通过了两轮笔试和一轮口试。最后，主考官问她会不会打字，吴士宏想都没想就说："会！"

"那你的打字速度是一分钟多少字？"

"贵公司的要求是多少？"

主考官说了一个数字，吴士宏马上承诺说可以。但在此之前面试官告诉吴士宏，下次来的时候要进行打字测试。吴士宏根本就没有摸过打字机。

吴士宏回去之后，立刻借来 700 块钱买了一台打字机，废寝忘食地练习了一周的时间。终于在短短的几天内，达到了 IBM 公司的要求。就这样，吴士宏成了 IBM 公司的一名普通员工。

吴士宏那个时候在 IBM 公司并不是正式员工。有一次，她忘了带工作证，被拒之门外。这让她非常难受，她决定要成为正式员工。于是她找到人事部经理苏珊·凯文，想让凯文破例给她一次机会，允许她参加 IBM 专业人员的招聘考试。她恳切地说："苏珊，请给我一次机会，考不上我自己不后悔；要是我能考上，我不会让 IBM 后悔！只请求你给我一次考试的机会！"

1986 年 7 月吴士宏转为正式学员，并于次年 5 月成为销售员。出色的销售业绩，让她在 IBM 迅速升迁，从普通的销售员到华南区总经理，再到 IBM 中国销售总经理。

公司选聘我们，看中的就是我们的利用价值。当我们的利用价值已经使用完了的时候，公司不可能再养着我们，即使我们还有利用价值，但是有很多人的利用价值已经超越了我们，我们还是会被解雇。职场就是这么残酷。我们只有让自己的利用价值不断提升，才能始终在职场中立于不败之地。

知识的更新换代速度是非常快的，我们现在所掌握的知识和技能，也许到明天就已经不再适用，因此，我们只有不断学习，才能始终跟上时代的步伐，才能成为职场中优秀的人。所谓"艺多不压身"，多学点东西，我们自身可利用的价值就得到了提升。我们一个人就可以完成更多的工作，这样就能够帮助公司节约成本，公司自然也就会愿意雇用我们。

职场生涯的发展就是在不断地利用与被利用中进行的。要想在职场中长久立足，那么我们就要改变自己，提升自己被利用的价值。当我们被利用的价值达到一定的境界的时候，我们就会拥有属于自己的事业，那个时候也就是我们职场生涯的最高点。

第一章 有价值，才会实现价值

第二章
站在老板的立场上想问题，
站在自己的立场上做事情

站在老板的角度思考问题

若站在自己的角度思考问题，那么我们注定无法在职场中胜出。当我们只考虑自己的待遇问题时，就会对公司产生不满，就会消极怠工。我们越是消极怠工，老板就越不会给我们好的待遇。在这种恶性循环中，我们早晚会被炒掉，哪里还有发展可言。站在老板的角度思考问题，就是要我们以公司的发展为根本标准来衡量一切问题，这样我们首先考虑的就不是自己的薪水问题，而是自己所做的工作有没有给公司带来利益，有没有促进公司的发展。如果没有的话，我们就要改进自己的工作。这样，我们就会越来越严格地要求自己，我们的工作就会越来越出色。这样我们就会赢得老板的欣赏，实现自己的价值了。

站在老板的角度思考问题，我们就成了公司的主人，成了老板的朋友。很多工作从老板的角度和员工的角度来看是不一样的，那些在员工看来枯燥乏味没有用的工作，对于老板来说却是非常重要的。如果我们从员工的角度来看那样的工作，那么我们自然是难以忍受的，其结果往往也就是辞职了事。而如果我们从老板的角度看待这份工作，那我们就会从这份枯燥的工作中看到其价值所在，工作就会充满积极性，工作的质量和效率自然也就会大大提高。

林威是经济管理系毕业的，他毕业之后，来到一家化妆品公司担任董事长助理。当他与前任的董事长助理交接的时候，那人告诉他这份工作没有任何意义，和经济管理根本就挨不上边。每天的工作就是收发公文、做会议记录、安排董事长的行程，说白了就像是一打杂的。林威将信将疑地开始了自己的工作。后来果然是像那个人所说的一样，每天就是做一些很琐碎的工作。但是林威不认为这没有用。在他看来他所做的工作对于公司来说有着非常重要的意义。因此他每天的积极性都很高。

林威认为，自己每天都能够接触到决策文件，这些文件都关系到公司的发展，而且从这些文件中，自己可以学习到经营管理的知识。那些枯燥的会议记录让他见识了一个企业的运营状况。他认为从老板的角度来看，这些工作都是有巨大的意义的。因此，他总是一丝不苟地完成自己的工作。现在他已经是这家公司的总经理了。

职场中的人总是喜欢站在自己的角度思考问题。因此，在我们的眼中，我们所从事的工作毫无意义，枯燥乏味，同时薪水又不高，又没有升迁的机会。这导致我们在工作的时候没有积极性，总是敷衍了事。事实上，公司的每一个职位都有它的作用，否则老板也不会花钱雇人来做那些没用的工作。因此，无论在什么样的岗位上，都是有前途的，前提是我们要做好这份工作。

从老板的角度思考问题，就是要用老板的眼光来看待我们的工作。我们的工作即使做得再出色，如果和老板的目标不一致，那么我们所做的工作也是没有任何价值的。即使我们付出了百倍的努力，也无法得到老板认可。

我们每个人所从事的工作都是服务于自己的上一层的人，他们对我们工作的内容和价值的评判才是最重要的。一般来说，下达一份工作任务的时候，上司总是会有一定的目标，我们的工作最起码要达到他们的目标。如果想要获得更大的成功，我们就必须完成这项任务的隐藏目标。这个目标也许连上司自己也只是一个模糊的概念。例如，营销人员完成公司制定的营销任务，这就是完成了初级的工作目标。如果营销人员在工作的时候能够开创一个新的营销模式或者是开辟一条新的营销路线，那么这就是完成了隐藏目标。这种隐藏目标的完成是一个人职场发展的重要助力。

　　林刚接到上司派给他的任务：去和另外一家公司谈判，争取得到合作的机会。这家公司特别难搞定，林刚的公司已经前后派了很多人前去，都被打发了回来。林刚知道这项任务很难完成，但是这也是一个机会，如果自己能够出色地完成这项任务，升职加薪不在话下。

　　林刚没有像其他人一样直接到那家公司去，而是采用了迂回战术。他摸清了那家公司负责人的生活习惯之后，就开始在私下里与其结交。通过这种方法林刚不仅争取到了合作机会，而且为自己的公司争取到了很大的权益。

　　完成工作目标，老板和上司会很满意；悟透老板和上司的工作目标，老板和上司会很赞赏。身为员工，完成工作目标是责任，老板或上司不会因此而提拔我们，但是如果我们能够悟透老板和上司的工作目标，那么提拔也就不在话下。

不要忘记自己的身份，老板就是老板

　　在职场中，最重要的一点就是要明确自己的身份地位。职场中等级划分始终是存在的，如果我们不能按照等级划分、职责要求行事，那么我们的职场生涯也就快要走到头了。和老板相处尤其要注意这一点，老板始终是老板，无论你拥有什么地位，这都是一个无法改变的事实。如果我们不愿自己的职场生涯葬送在自己的手里，就要永远记住自己的身份，不要与老板发生冲突。

现在的人倡导自由平等，一些职场人士把这个观念带入了职场，为了表现自己和老板是处在平等的地位上的，经常和老板发生冲突。尤其是一些能力突出的员工，他们经常会和老板发生争辩。当他们觉得老板的话不对的时候，就直接进行抗辩，妄图改变老板的想法和决定。这种做法愚蠢至极。老板是需要面子和威严的，直接与他抗辩，即使你的观点是正确的，他也不可能会在大庭广众之下承认，并且采纳你的观点，否则他的面子和威信就荡然无存了。老板是需要等级的，这是他管理公司的前提。我们不要和老板讲平等，在职场中，老板与员工只有人格的平等，却没有决策上的平等。

朱峰大学毕业之后进入了一家私营制冷设备公司。老板对重点大学毕业的朱峰非常看重，第一年就让他做了销售主管，由于业绩突出，又直接提拔他为总经理助理。朱峰与老板私下关系非常好，他们经常在一起活动。在工作上，老板也非常器重朱峰，经常和他商讨一些问题。渐渐地，朱峰觉得自己在公司中已经拥有了老板一样的地位。

有一回，公司召开会议商讨关于和美国一家大公司的合作案。在会议上，老板将自己的计划和合作意向书拿了出来，让大家看一下。公司里的其他几名主管看了之后都没有说什么，唯独朱峰看出了问题。他认为照这个合作案进行合作，公司能够得到的利润非常小，于是直接对老板说，这个合作案不行，需要重新制定。这就等于是否定了老板的工作。老板问他哪里有问题，他从头到尾把这个合作案批了一通。朱峰当着这么多人的面对老板的工作全盘否定让老板很不高兴。于是老板淡淡地说："会议结束！这个问题以后再谈。"朱峰大声说："这个问题怎么能拖？如果按照这个合作案，公司就等着关门大吉吧。"这一下彻底惹火了老板。他知道朱峰所说的有道理，本想要在私下里商谈这个问题，但是朱峰却这么不给面子，当着这么多人的面否定自己。老板大声呵斥说："我说了以后再说，我是老板，还是你是老板啊？"一句话让朱峰愣住了。

朱峰经历过这件事之后明白了老板永远是老板，无论到什么时候，和老板的关系有多密切都不能做出逾矩的事情。朱峰知道他与老板之间已经产生了很大的隔阂，难以修复。再做下去也没有意义，于是就离开了公司。

老板就是老板，即使他做错了、说错了，我们也不能在大庭广众之下指责。提意见可以私下找一个合适的时机。

老板是一个公司的核心，是公司的管理者。如果任何一个员工都可以反驳老板，都可以挑战老板的权威，那么老板就会失去公信力，就难以领导员工。这样公司就会成为一盘散沙。公司想要发展必须要集思广益，但是也需要一个最终决策者。如果老板失去了决策的地位，那么公司就会被众多意见所左右，失去发展方向。因此，老板无论在什么时候都会非常注重维护自己的权威。

老板不是万能的，他们也会做出错误的决策。本着对公司负责的态度，作为员工应该指出其中的错误。但是指出的时候，我们可以选择其他的方式方法。比如说，我们可以私下里找老板讨论这个问题，相信任何明智的老板都会乐意和员工讨论。此外，还可以写成书面报告，向老板阐述自己的观点。这些方法既可以维护公司的利益，又可以维护老板的权威和面子。采用这种方法比直接与老板产生对抗要好得多，这对我们职业发展有很大的好处

总之，老板永远是老板，身为下属要清楚自己的地位，无论何时何地，你都要尊重你的老板。

上司的刁难是对我们的磨炼

一家公司从老板开始算起一直到普通员工，中间分出了很多的等级。这是一种分工的划分，每个人所从事的工作都是有等级的。下一个层级的人做的工作要对上一个层级负责，这就要求我们在工作的时候要多从上司的角度思考，一切工作不以自己的便利来进行，而以对上司的工作有利来开展。

我们经常会在工作的过程中遇到上司有意无意的刁难，这个时候我们会习惯性地抱怨自己的上司太过苛刻，但是我们有没有想过，我们的工作会直接影响到上司工作的开展，上司对我们苛刻也是很正常的事情。身为下属的我们没有抱怨的权利，我们要做的就是尽量满足上司的要求。

邢丽最近的心情非常差，原因就在于她的那个顶头上司。无论她的工作做得多么出色，她的上司总是会给她挑出很多毛病。她就是想不通为什么上司会对她如此苛刻。同是一个部门的同事，其他人都没有享受到这样的"待遇"。最近几天邢丽一直在琢磨自己是否在无意中得罪了上司。

虽然她心旦犯嘀咕，但是她却不敢表露出来，她唯一能做的就是加倍努力，希望自己的付出能够换来上司的肯定。

两个月之后，邢丽的上司被派到了加拿大的总部。而她上司的职位空缺就成了一个亟待解决的问题。每个人都想坐上这个位置，唯有邢丽没有想过。她知道自己一直不受上司的待见，不可能接替他的位置。

一天上午，上司突然把邢丽叫到了办公室。上司说："我去加拿大总部的事情你知道了吧？"

"嗯，听说了，恭喜您！"邢丽答道。其实从进门开始，邢丽就在思考上司叫她来的原因。"难道他该走了还要再找自己的麻烦吗？"邢丽忐忑不安地想。

上司接着问道："你觉得自己最近的工作怎么样啊？"邢丽一听这话心里立刻紧张了起来，马上说："可能与您的要求还有很大差距，但我确实已经尽力地做好每一件事了。"上司笑了笑说："其实你的工作一直做得都很好。我最近一段时间老是刁难你，是想锻炼你。我早就接到了通知要去加拿大工作，所以必须挑选一个人来接替自己的工作。思来想去觉得你最合适。但是毕竟你还年轻，我还要考验你一番。现在我正式通知你，考验通过！"

听了上司的话，邢丽呆住了，她万万没想到经理的刁难会是考验。如果不是自己能够沉住气，那么现在也不可能升职了。

鸡蛋里挑骨头是上司在磨炼我们的表现，因为我们是上司的人，判断我们工作好坏的标准完全掌握在上司的手中。我们要做的就是努力工作，达到上司的标准。当我们的工作能够完全符合上司的标准的时候，也就是我们成功的时候。

其实，上司所担负的责任远远大于我们，只有在我们的工作做得好的前提下，他们才有更多的时间去思考其他的事情。因此，对于上司的刁难，我们完全可以把它理解成是上司对我们"恨铁不成钢"，他们之所以刁难我们是因为他们想要培养我们，使我们具有独当一面的能力。抱着这种心态，我们的工作会越做越好，前途也会一片光明。

员工最难以接受的就是上司无休止的指责与唠叨，这也是造成上司与员工之间产生隔阂的原因。但是换位思考一下，如果自己的下属没有做好工作，自己会不会也很生气呢？将心比心也就可以理解了。

我们是上司手底下的人，无论他的批评、指责和刁难是出于什么意图，我们都没有权利去抱怨，唯一能做的就是尽量做好工作，平息他的怒气，努力达到他的要求。对于上司的一些过激的行为，我们换位思考一下，或许多多少少能够理解一下他们的苦衷。当我们能够理解的时候，我们就会以更积极的态度努力工作，那个时候，我们会发现平时"凶神恶煞"的上司其实也很友善，我们的工作也会因此愈发轻松。

弄明白老板为什么雇用你

弄明白老板雇用自己的原因是做好工作的关键。老板雇用员工的目的很简单，就是为了让员工为公司创造利润和价值。那么我们之所以被雇用也就是因为我们身上具备给公司创造利润的能力。这种能力是我们在职场中取胜的法宝。只有紧紧抓住这种能力，在这种能力上下功夫，为公司创造更多的利润和价值，才有可能取得老板的信任和器重。

老板之所以投入那么大的成本组建公司，雇用员工，就是希望这一切能够给公司带来利润。作为公司的员工，如果不能利用老板赋予自己的资源创造价值，那么迟早会被淘汰，即使我们能够保值，也不会成为老板欣赏的好员工。

有一个贵族要出远门，他把3个仆人叫到自己的身边，给了他们每人一些银子。

贵族回来之后，他再次把3个仆人叫到身边，了解他们拿钱做什么了。第一个仆人说："主人，您给了我5000两银子，我已经用这些钱又赚了5000两。"贵族高兴地说："善良的仆人，你在赚钱的事上对我很

29

忠诚，又这样有才能，我要把许多事派给你管理。"

第二个仆人接着说："您给了我2000两银子，我用它赚了1000两。"主人微笑着说："我可以把一些事情交给你打理。"

第三个仆人从身上拿出一个手绢，恭恭敬敬地把手绢打开，放到贵族面前说："主人，您看，这是您给我的1000两银子，我把它藏得非常好，一两都没有少。"

贵族听了他的话，脸色立刻阴沉了下来说："你这个又恶又懒的仆人，你浪费了我的钱！"

第三个仆人完整地保存了主人交给他的银子，却没有得到赞赏，原因就是他没有弄明白主人的意图。主人把钱交给他们是要他们为自己挣钱，而不是原模原样地还给自己。

我们想要得到老板的赏识就必须满足老板的需求。老板招聘我们为他们工作，就是希望我们的工作能够给公司创造更多的利润。当公司能从我们的工作中获得利润的时候，老板自然也就会给予我们相应的回报。这和古代的帝王打江山是一样的。他们为了打江山到处招揽人才，无论是文臣，还是武将，皇帝将他们招揽过来就是为了打江山并且巩固自己的江山社稷。只要你能在这方面做出成绩，他们就会给予你最大的回报。诸葛亮做得非常好。刘备三顾茅庐，目的就是请他出山，为自己出谋划策，夺取江山。诸葛亮第一次见到刘备的时候，废话没有多说，隆中一对，使得刘备茅塞顿开，看到了希望。刘备封诸葛亮为军师，对他言听计从。在诸葛亮的帮助下，刘备站稳了脚跟，占荆州、进西川，建立了蜀汉政权。诸葛亮位极人臣，荣宠无量。

现代职场分工细密，赚钱虽然是老板的最终目的，但是赚钱的活动却不是一个人可以完成的，老板将我们招进来是为了让我们为公司创造利润。作为员工，我们要站在老板的角度思考一下，老板究竟看中了我们什么，想要我们做成什么事情。把这个搞清楚了，我们的工作才会有针对性，才能够事半功倍，否则我们就会像无头苍蝇一样，到处乱转，即使付出了很大的努力，也得不到老板的赏识和器重，还有可能会让老板感到厌烦。

王晨来一家出版公司应聘编辑职位，但是在面试的过程中，老板却看中了他的语言表达能力，将他安排到了业务部。这让王晨很不高兴。但是老板的安排他也没有办法，只能被动接受。但是他实在对业务部的工作没有兴趣，因此，他经常跑到编辑部闲逛，和编辑部的那帮人打得火热。

有一回，老板让王晨联系客户。王晨正要出门的时候，编辑部一个同事遇到了困难，请他帮忙。王晨本就对编辑的工作相当感兴趣，二话没说就应承了下来。这一耽搁，他就把联系客户的事情忘到了九霄云外去了。等到老板怒气冲冲地来找他的时候，他才如梦初醒。

经过这件事情之后，老板对他越来越不满意，没过多久就把他辞退了。

每个人都有自己的工作，老板雇用我们就是为了让我们做好某一方面的工作，如果我们忘记本职的工作而去做一些不应该自己做的事情，即使我们把那些事情做得再好，也不会让老板满意。

在职场中我们必须弄明白老板雇用我们的原因。按照他的意图开展我们的工作，满足他们的需求，这样我们便会在职场中实现自己的价值。

如果你是老板，你会为自己加薪吗

　　薪水对于职场人士来说是一个敏感的话题，在职场生涯发展的过程中，我们除了强调职位的高低和发展前途，最关心的当然还是薪水问题。现在的职场人士生存压力越来越大，迫切需要高工资来满足自己的生活需求。但是加薪却不是一件容易的事情。加薪不是单方面的事情，老板和员工对于这个问题都有着各自的理解。然而加薪能否成功主要还是取决于自己，因此，在向老板提出加薪之前，我们必须站在老板的角度思考一下，如果我是老板，我会给自己加薪吗？

　　在一场讲座中，一个职员向讲师抱怨说："我进入这家公司已经有两三年了，但是薪水一直没有上涨过，老板也从来不向我提加薪的事情。现在我一点工作积极性都没有，我是不是应该跳槽呢？"

　　讲师反问道："如果你是老板，你的员工跑来要求加薪，但是他却没有付出相应的努力，你会同意吗？"那个职员毫不迟疑地说："当然不会。"

　　讲师接着问："如果你的员工所做出的贡献已经超过了他目前的工资范围，你会考虑为他加薪吗？"职员答道："会的。"

　　讲师最后说道："那么你自己是属于哪一种情况呢？"职员明白了，并非是老板不愿意给自己加薪，而是自己所做的努力没有达到加薪的标准。如果自己是老板，也不会给现在的自己加薪。

　　薪水说到底是自己创造的，自己为公司创造的利润的其中一部分就是自己的薪水。为了提高我们的工作积极性，促使我们为公司创造更大的利润，老板也会适当地调整我们的薪水。在每一个老板的心里都有一把衡量是否可以为我们加薪的标尺。只要我们能够掌握这个标尺，并且按照这个标尺来做，那么加薪就不成问题。因此，在跟老板谈加薪问题之前，我们一定要站在老板的角度来考量自己是否具有加薪的资格。如果我们自己都无法给出可以给自己加薪的理由，那么最好还是不要去谈这个问题，否则很有可能碰一鼻子灰。

私营单位不按照工作的年限来确定每个人的工资，而是以个人的表现为依据来确定每个员工的工资。如果我们的表现的确突出，即使我们刚刚进入公司也有可能获得丰厚的薪水。

老板在给员工加薪的时候最先考虑的问题就是"你值吗"，也就是说你所做的工作给公司创造了多少利润，你所创造的利润与你现在所获得的薪水是否匹配。如果不匹配应该给你加多少？给你加薪之后会对公司造成什么样的影响？会不会引起其他员工的不满？归根到底就是衡量我们的价值。公司不是慈善机构，老板也不是慈善家，对于老板来说，最好的员工就是能够给公司带来利润的员工。这样的员工才是值得加薪的。因此，我们在向老板谈加薪问题之前，一定要确保自己的确为公司创造了足够多的利润，并且远远超出了自己现有的薪水价值。

业务员张伟在公司上班已经6个月了，这6个月他一直认真工作，业绩也很突出。但是他的薪水一直都没有上涨。这让他坐不住了。本来他们这种业务员的工资上涨应该是很快的。张伟断定一定是老板忘记了给自己加工资，于是果断大胆地去向老板谈加工资的事情。老板看到他的业绩表和工作记录之后，二话没说就给他提了工资。

公司的同事们都问他怎么敢去向老板要求加薪呢？张伟说："我有业绩基础，为公司创造了足够多的利润，涨工资是顺理成章的事情。我要求涨工资是争取正当的权利，有什么不敢的呢？"

老板在给员工加薪的时候还会考虑"你合适吗"这个问题。任何有眼光的老板都不会拘泥于现在，而是会注重长远的发展。如果你并不适合现在的岗位，即使你已经做出了不错的成绩，但是已经逼近了极限，那么老板也不一定会给你加薪。相反，如果你有这方面的能力，而且有无穷的潜力，即使你现在没有发挥出来，老板为了留住你，也有可能会给你加薪。

总而言之，老板在给任何员工加薪之前，都会对这个员工进行多方面的考察。老板是不会因为吝啬那一点工资而使得员工消极怠工的。在他们那里永远有一套最有利于公司发展的加薪制度。因此，在职场中，我们不要随便抱怨老板没有给自己加薪，更不要因为没有加薪而消极怠工，那样的话很有可能连工作也丢了。很多时候老板没有加薪并不是因为老板小气、抠门或者是有意刁难，而是我们本身并不具备让老板加薪的实力。在加薪之前，站在老板的角度评价一下自己，给自己一个充足的加薪理由，那么加薪也就不是一件难事。

工作是为自己"盖房子"

对待工作的态度对于一个人的职场发展有很大的影响。如果我们把工作看作是为别人做事，那么在工作的时候，我们就会敷衍了事；如果我们把工作看成是为自己做事，那么在工作的时候就会一丝不苟。这两种不同的工作态度完全可以决定一个人在职场中的发展前途。这就像建房子一样，你如果是在为自己建房子，一定会苛求完美，尽心尽力把房子建得最漂亮、最舒适；你如果是在为别人建房子，那么就可能得过且过，粗制滥造。态度不同，结果自然也就不同。

职场中同样的工作一般都是拿着同样的薪水，因此，一些职场人士就会敷衍自己的工作，反正自己做得再好也是拿一样的工资，何必费心费力做那么好呢？这是一种懒怠、敷衍的行为，是很不负责任的行为。这会使得我们的职场生涯就此毁掉。其实，既然我们能够被公司看中，能够被招聘进来，那么就说明我们完全能够胜任目前的工作，完全有能力把工作做得更好。

有一个远近闻名的木匠，他的一手绝活着实让很多同行美慕不已。他做的家具既结实耐用，又美观大方。

以前他都是在村子里给同村的人做做家具。成家以后，他到了城里一家家具厂工作，他出色的手艺让老板赞叹不已，老板给了他很高的薪酬。就这样，他就一直在这家家具厂里做了下去，这一做就是40年。

到他75岁的时候，他向老板提出辞职，安享晚年。老板对他说："您老人家对我们工厂贡献很大，我真的舍不得让您老离开，不过您年岁已高，这样吧，您在离开工厂之前，再打造一套高级组合家具，好吗？"

他答应了老板。但是他的心思已完全不在做家具上了，一心想着退休后的安逸生活。老板花了20000块钱买了高级材料。为了赶快做完，他在打造的过程中，偷工减料，减少程序，打造的家具很是粗糙，样式好看但肯定不耐用。

家具打完之后，老板当着大家的面宣布："张师傅，您在我厂工作多年，贡献很大，这是我送给您的礼物，做个纪念吧！"

老木匠顿时呆住了，如果早知道是送给自己的，他怎么也不会这样粗制滥造啊。

在职场中，我们总是把老板和个人的利益区分得很明显，这种泾渭分明的分法，使得我们把工作仅仅看成了谋生的手段。老板付给我们薪

水，我们完成老板交给我们的任务。至于质量如何和我们无关，好也好，坏也罢，我们的薪水没有变化，既然如此，能够尽六分力完成的任务，我们自然不会尽十分力。久而久之，工作对于我们来说就毫无意义了，当一天和尚撞一天钟，挨过一天算一天。这样下去，我们在公司的地位永远不会上升，始终处于可有可无的状态。一旦公司裁员，我们就会成为第一批被裁掉的人。

老板与我们的利益是息息相关的，我们的工作是在为他们"盖房子"不假，但是我们应该本着为自己"盖房子"的态度工作。只有这样，我们才能盖出最好"房子"，出色地完成工作任务。在公司获得巨大收益的同时，我们的身价也可以水涨船高，进而我们可以在职场中收获成功。

也许短时间内工作好坏区别并没有那么明显。大家做着同样的工作，拿着同样的薪水。但是时间久了，距离就会拉开。那些敷衍了事的员工，很快就会被公司遗弃，而那些工作突出的人则会被提升。

从另一个角度来说，工作本就是为自己"盖房子"。工作不仅仅能让我们养活自己，更能够让我们在工作的过程中，增加知识，增长见闻，提高自己的工作能力。这对于我们日后职场的发展有很大的帮助。如果我们对工作不能尽心尽力，那么我们就不能在工作中学习到应该掌握的知识和能力。当我们谋求职业更高发展的时候，我们曾经的工作经验就不能为自己增值。

虽然工作最终的获益者是公司，但是它的质量如何却能够体现出我们的价值。如果我们每次交给老板的都是"烂尾楼"，又凭什么要求老板提拔和重用我们呢？善于经营自己职场生涯的人，会把自己的职场发展与老板的利益结合在一起，创造双赢的局面。聪明的员工把老板交代下来的每一项任务都当作是在为自己建房子，尽心尽力，力求做到最好，在为老板谋得利益的同时，获得自身职场的发展。

别只做上司给你安排的事

卡耐基曾经说过："有两种人将永远一事无成：一种是除非别人要他去做，否则，绝不主动去做事的人；另一种则是即使别人要他去做，也做不好事的人。那些不需要别人催促就会主动去做应该做的事，而且不会半途而废的人必将成功。"主动找事情做的人成功的概率要远远大于被动等待的人的成功概率，而且成功往往也蕴藏在他们多做的那些事情里。职场中，很多人习惯了等待。现代职场分工很细致，每个人每天都有要完成的任务，不少员工都是做完上司安排下来的事情之后就无所事事。当然能够保质保量地完成上司交代下来的任务已经是不错了，但是若想谋求更大的发展，除了完成上司安排的工作外，还必须主动承担一些分外的事。

这一天公司开会，会议时间过长已经占用了休息的时间，这让很多员工不满。会议结束了，大家都松了一口气，纷纷起身准备离开。这时老板突然说："我想建立一个局域网，谁来弄啊?"大家你看我，我看你，谁都不说话。有人小声地问了一句："有加班费吗?"老板的脸立刻黑了下来。大家都不愿意做这项不属于自己的工作，生怕老板指向自己，于是大家把目光都投向了一向老实巴交、不爱说话的张路。老板无奈地说："那就张路做吧!"老板这么一说，其他人立刻幸灾乐祸地跑了出去。

会议室里只剩下张路和老板两个人，他完全可以推掉这项工作，但是他没有，虽然他并不知道局域网是什么东西，更不知道该怎么建。他

跑到图书馆借阅了大量关于局域网的书，通过研究，他终于弄明白了局域网的建立方法。

半个月后，局域网终于通了。但是张路依然领着原来的薪水。此时，同事们纷纷向他请教关于电脑方面的知识。为了应付这些，他更加用心地学习。一年之后，老板任命张路当了部门主管。

事实上，自从上次张路建好局域网之后，老板就一直在关注这个不太爱说话的员工。张路的所作所为他都看在眼里。通过一年的考察，老板终于下定决心让他担任主管。

有成功潜质的人，总是会比别人多做一些事情。因为他们知道仅仅完成上司交代的任务只能让上司赞赏，但是却不能给上司留下深刻的印象。完成本职工作是每个员工的责任，并不是什么功劳。只有多做一点事情，才会让自己在众多员工中脱颖而出，吸引上司的注意力，为自己赢得更多成功的机会。

一般来说，上司给我们安排的任务都是在我们的能力范围之内的，我们可以很轻松地完成。因此，完成工作任务并不会为我们增值。既然是这样，我们何不多费点心思，以更高的标准要求自己，更加出色地完成任务，超出上司对我们的期望值呢？这是向上司证明自己能力的好机会，如果我们能够好好把握，必然会给上司留下深刻印象。日后如果有成功的机会，他们自然就会想起我们。

一家公司的老板要到美国去与一家公司商谈合作事宜，这次商谈能否成功关系到公司未来的发展方向。老板手下的几个助理忙得头晕眼花，根本就没有时间休息。张昭和王猛也是老板的两个助理，他们两个一个负责草拟谈判方案，一个负责草拟发言稿。

老板临行的前一天晚上，王猛问张昭："你的发言稿打好了吗?"疲惫不堪的张昭说："最近几天都要累死了，我还没来得及打。再说了，发言稿是英文撰写，老板看不懂英文，在飞机上不可能看。等他上飞机后，我回公司把文件打好，再发邮件给他，肯定来得及。"

谁知，第二天上飞机之前，老板就向张昭要发言稿。张昭只得把对王猛说的话又重复了一遍。老板暴跳如雷说："怎么会这样？为了不白白浪费坐飞机的时间我已经计划好利用在飞机上的时间，与同行的外籍顾问研究一下公司的报告和数据。"

到了美国，老板利用王猛拟定的谈判方案在谈判中大获全胜。回国后，老板立刻提拔了王猛，而张昭则受到了冷落。

如果想在职场中胜出，那么就要超出上司的期望值，完成上司安排下来的任务。通常情况下，上司是不会要求我们提前完成任务的，但是我们自己要明白，能够在职场中胜出的人，都是能够为公司赢得最大利润的人。虽然上司没有让我们提前完成任务，但是如果我们有余力可以提前完成，又何必死扣着上司的要求做呢？

上司安排下来的工作一般不能完全展现出我们的能力，也不能使我们为公司创造最大利润。因此，在此基础上，我们应该主动寻求事情去做，不管是否是上司安排的工作，只要是对公司有利的事情，我们都应该积极去做。被动地按照别人的要求付出与主动付出换来的结果必然是不同的。当我们全力以赴为公司做事的时候，自然会得到最高的回报。

自己的命运永远是掌握在自己的手中的，我们能否在职场中有所作为完全取决于我们如何去做。我们如果想要在职场中有所建树，就必须自发地去做事情。很多才华横溢的人在职场中始终不得志，原因就是他们不愿意主动做事。眼高手低的他们总是想要指挥别人去做事，而自己却悠闲自在。即使做事，也是在别人的监督和要求之下做事。

职场竞争激烈，如果你不愿意做事，完全可以跷起二郎腿悠闲地坐着，但是很快你的位置就会被别人顶替。公司是不会养闲人的。在这种竞争激烈的环境下，我们必须把"要我做"转化成"我要做"。无论在什么时候都不要等着别人告诉自己要做什么，该怎么做。

职场中，那些对工作毫无热情的人总是尽量推诿，能躲掉的事情，绝不主动去做。他们不仅自己不主动做事，还会对那些没事找事做的人嗤之以鼻，认为他们是傻瓜。事实上，真正的傻瓜是他们自己，他们在被动等待任务和推托任务的过程中，将机会也拒之门外。他们永远只能扮演职场中的失败者。

任何一家公司都有很多事情要做，员工要做和能做的事情很多，即使在我们所认为闲下来的时间里也有很多事情要做。只是我们在心里排斥主动去做事，认为那是吃亏的举动，因此，我们才发现不了有事情要做。主动做事的员工从来不会有闲着的时候，他们从来不会等着别人告诉自己要做什么，而是主动向人提出要做什么；不用等着别人告诉自己该怎么做，而是主动了解该怎么做。

梁茵在一家公司做文员。文员的工作很琐碎，有时候很忙，有时候就很闲。但是梁茵却一直都很忙。梁茵从进入这家公司开始就发现文员的工作有很大的自主性，很多事情可做可不做，但是她认为那些可做可不做的事情还是做好。

她的公司是一个很大的外企，外企是很讲究节俭的。梁茵在打印和复印东西的时候发现，那些纸只用了一面实在是太浪费了，有些纸完全可以再用一次。于是她在工作之余就搜集整理那些用过的纸，按照纸张的大小分类，以供下次使用。

这件事情被公司的经理知道之后，对梁茵做法非常欣赏。梁茵在这家公司干满一年之后，经理就破格提拔她为办公室主任。

"我要做"的员工通常不会受到自己工作内容的限制，他们眼里有事，凡是应该做而现在还没有做的事情被他们看到之后，他们都会主动去做。那些细小的事情看似微不足道，但是也足以影响一个人的前途。任何一家公司，即使它的规章制度设计得足够详细、足够精细，也不可能将所有的事情都安排到具体的员工身上，尤其是有很多并不起眼的事情更不在制度考虑的范围之内。对于这样的事情，如果我们发现了，就不要假装看不到，主动应承下来，也许机会就在这些小事上。

很多事情总是需要有人来做，如果大家都以不在自己的工作范围之内为由拒绝去做，那么公司还如何运营下去？面对事情的时候，我们不应该有"凭什么是我，为什么不是他"的想法，而应该庆幸事情没有被别人抢去，自己又多了一次表现自己的机会。职场中，斤斤计较永远难以有出头之日，反而会断送我们的职场前途。

身在职场，我们不能让自己闲下来，不能被动地依赖上级和同事，更不能在"等待命令"的过程中，将自己的潜能彻底冰冻。想要升职加薪，千万不能把"要我做"当成行动的前提，要知道，机会往往更偏爱以"我要做"为出发点的人。主动寻找可以做的事情，工作就会变得轻松而有乐趣。

勇于承担自己的责任

责任感是评价一个员工的重要指标，公司需要有责任感的人，然而出于趋利避害的本能，许多人都逃避责任，能够真正担起责任的人很少，而这少部分人往往就是最成功的人。责任是与风险挂钩的。承担责任的同时就意味着承担风险，万一事情做不好，会面对什么样的惩罚就不好说了，因此，职场中的很多人宁愿什么都不做，也不肯承担责任。这就是典型的"不求有功，但求无过"的心理。这样的人在职场中虽然顺风顺水，但是却难有长远的发展。

承担责任虽然要承担风险，但是风险中也孕育着机会。当公司派下来一个艰巨的任务而无人敢接的时候，如果我们站出来主动接受任务，虽然要承担失败的风险，但是如果我们做成了，就是大功一件。这对于职场生涯的发展有莫大的好处。

孙腾在一家小公司上班，这家公司刚刚起步，基本上没有什么外贸业务，因此公司里没有这方面的人才。随着公司的发展，外贸业务越来越多。有一天，领导安排员工去办理外贸业务，当时在场的员工几乎都退缩了，没有人愿意接这个烫手山芋。

但是，孙腾却主动请缨。当时领导就问他："你懂得外贸业务吗?"孙腾说："不懂，但是我可以学啊!"谁也没有料到这个谁也不愿意承担的责任成了孙腾一路扶摇直上的机会。几个月之后，孙腾就成了这家公司不可或缺的外贸人才。随着公司规模的扩展，他成了专门负责外贸业务的主管。几年以后，孙腾离职创办了自己的外贸公司。他曾经在办理外贸业务时认识的海关人员和那些客商们成了他外贸公司发展的最大助力。

主动承担责任不仅是为公司分忧解难，也是为自己赢得发展的机会。逃避责任虽然可以不用承担风险，但是长久下去，我们必然会落后于人，职场发展也不会有起色。这样的人或许会在某一天成为公司的负担。要知道不做事才是最大的风险。

承担责任还表现在愿意为自己的行为负责。一个士兵戴着顶帽子，在检阅时，将军走到这个士兵面前，看到了便说："你的帽子太大了。"没想到士兵立即行了军礼，大声回答："不，是我的头太小了。"这个士兵就是拿破仑。承担责任是一个人综合素质的体现，也是对待工作的态度。然而，职场中大多数的人总是会为自己的过失找出千百种理由，推脱责任便成了一种习惯。

没有一个员工从来不犯错，犯了错关键是要勇敢地承认自己的错误，并且承担自己所要担负的责任，这是一个态度问题。也许很多工作失误并不是我们主观造成的，而是由很多客观原因导致的。但是无论怎样，我们的确是在工作上出现了失误，给公司造成了损失。这个时候我们要做的不是为自己的工作失误找理由和原因，也不是想尽办法将责任推到他人的身上，而是要主动承担责任，弥补工作失误所造成的损失。接下来的事情才是分析工作失误的原因，给自己一个警醒，以免再犯同样的错误。

公司对于敢于承担责任的员工一般都会给予宽容，而对于那些犯了错误只知道找理由搪塞的人公司是绝不留情的。敢于承担责任的人会吸取教训，不断进步，公司应该给予他们机会；推卸责任的人永远只能原地踏步，这样的人永远会错误百出，留之无用。

每个人在公司里的地位都是独一无二的，每个人的工作也都是不可替代的。该我们做的工作无论有多困难，我们都应该承担下来。同时，如果我们的工作出现失误，无论原因是什么，我们都没有任何理由把责任推给别人。

不要顶撞上司

现代的年轻人个性十足，但是这种个性绝对不能带到职场中来，因个性而不遵守职场规则的人，只会在职场中撞得头破血流。

初入职场的人就像是刚出生的牛犊一样，认为世上无事不可为，所以总是棱角分明，受不得半点批评，即使是来自上司的指责也会遭他们的强烈反驳，于是他们不停地更换着工作。

纪灵大学毕业之后决定独自一个人到上海去闯荡，她相信凭借着自己的一身本事一定能闯出属于自己的一片天地，但是令她没想到的是，半年的时间过去了，她每份工作干了都不到一个月。

她第一次找的工作是当秘书。那家公司是一家很大的公司，这份工作纪灵也非常满意，但是半个月后的一件事使得她离开了公司。由于头一天的工作太忙，纪灵把工作带回家做，第二天上班的时候忘记把一份重要的文件带回公司了，正好经理需要那份文件。生气的经理把纪灵骂了个狗血喷头，这让一向心高气傲的纪灵非常难堪，她一怒之下和经理大吵了一架，离开了公司。

第二份工作是在出版社当编辑，但是这份工作经灵也没能做太长的时间。那一天纪灵把一本书的版面排好后交给了总编，但是总编看后非常不满意，将她的排版批得体无完肤。纪灵自然不能容忍别人如此侮辱自己的劳动成果，于是和总编进行了激烈的辩论，虽然总编并没有辞退她，但是纪灵还是察觉到自己在这家公司难以有所发展了，于是自动辞职了。

职场中每一个人都不可避免地会受到来自上司的指责，这些指责有时候的确会令人很难堪，但是作为下属的我们此时要做的不是去顶撞上司，而是认真反思自己，我们若立马去顶撞上司，不仅解决不了问题，还会加深和上司的矛盾。

或许我们可以换一个角度来看，上司的指责并非都是没有道理的，也许真的是我们的工作有错误，我们可以把他们的批评看作一种善意的指导，这样或许心里就比较容易接受一点。退一万步说，即使他们所说的是没有道理的，他们还是我们的上司，就起码的礼貌来讲，我们也是应该尊重他们的，当他们心情平复之后，我们可以私下里和他们交流，那个时候，我们的意见就比较容易被他们接受了。

每一个做上司的都不希望自己的下属顶撞自己，因为作为一个上司必须维护自己起码的威严，如果纵容员工当面顶撞自己，那么长久下去，上司就会失去威严，那时上司的命令就很难有人执行。所以，即使有些时候，我们的意见是正确的，也不可直接反驳上司错误的说法，因为即使他认可我们的建议，出于面子的考虑他也不会接受。

徐刚在一家模具厂工作，这一天要对公司的货物进行盘点，作为主要负责人的徐刚对盘点事项做了详细的安排。就在大家都忙得团团转的时候，上司不知道什么时候过来了，他转了一圈之后，立刻喊道："停下来，停下来。"

上司把徐刚叫到面前告诉他应该怎样做，并一再强调这是自己的工作经验，但是徐刚认为自己的盘点方式比较有效，于是据理力争，最后惹得上司大喊道："让你怎么做，你就怎么做，怎么那么多废话！"气愤的徐刚一甩手离开了车间。

这件事情过后，徐刚向同事打听那天的情况，原来那天他走后，上司还是采用了徐刚的办法。但是从那天开始，上司与他之间就产生了很深的裂痕，最后徐刚不得不自己离开公司。

上司之所以能成为上司，是因为他能站在更高的角度思考问题，他们考虑问题比普通员工全面。因此我们不应该盲目顶撞上司，即使上司判断有误，我们也不要当众人顶撞，私下里解决会更有效。

主动适应上司的工作方式

工作方式在工作中占有举足轻重的地位，而下属的工作方式往往受到上司的工作方式的约束，通常情况下，员工都必须按照上司的工作方式来开展工作，这就导致了许多不能适应上司工作方式的员工职场失败。

跳槽是职场中常见的现象，但是并非每个人的跳槽都是成功的，一些人因为工作上无法与上司的工作方式相适应而跳槽，跳槽后经常处在压抑之中，最终不得已还是辞职另谋高就。

丽莎大学毕业之后在一家外贸公司工作，几年后，她的薪水涨到了5位数，但是仍不满足的丽莎毅然辞职，跳槽到了另外一家公司。

在这家公司里她是一名主管，工作压力自然很大，但能干的丽莎依然兢兢业业，但是最让她受不了的是她的顶头上司，那个人明显是一个工作狂，自己身兼数职不说，还把很多工作强压到丽莎的头上。丽莎无法忍受上司的这种工作方式，因此经常和上司争吵，每天的工作效率也很低。

就这样煎熬了半年，丽莎终于坚持不下去了，向公司递交了辞职书。

每个人都有自己的工作方式，但是作为下属的我们是没有权利按照自己的工作方式来开展工作的，因为在职场中，上司永远处在主导地位，整个公司的运营都是掌握在他们手中的，我们如果不能按照他们的要求开展工作，那么必然会被淘汰。但是这并不代表我们就只能被动地适应上司的工作方式，事实上被动地适应上司的工作方式，反而会让我们更加压抑。所以，我们不如主动地去适应上司的工作方式。

同样都是适应上司的工作方式，被动和主动有什么区别呢？被动适应是建立在不情愿的基础之上，带着情绪去适应上司的工作方式，越是适应，心理压力就会越大，反抗的情绪滋长得也就越快。在被动适应的过程中，我们的工作效率自然不高，那样自然会给上司造成不好的印象。如果我们主动地适应上司的工作方式，那么必然可以在最短的时间内适应上司的工作方式，那样我们的工作也就会相对轻松，上司也会对我们比较满意。

刘伶的公司新上任了一名经理，刘伶这个老秘书顺理成章地又成了这位新经理的秘书。刘伶对这位新经理一无所知，不免惴惴不安，但是她打定主意，无论对方怎么样，自己都要去适应他。

这一天新经理上任，刘伶把整间办公室打扫了一遍，干干净净的办公室给新经理留下了良好的印象。在接下来的日子里，刘伶逐渐打听到关于新经理的不少信息：新经理性格偏内向，喜欢听精练简短的工作汇报。于是在工作的过程中，刘伶表现得一丝不苟，在汇报工作的时候，刘伶提前做好充分的准备，以最简单的话将整个工作汇报清楚。随着了解的深入，刘伶了解到了更多的关于经理的工作风格，并一一适应。很快，刘伶就成了新经理的得力助手。

上司是工作开展的核心，他需要自己的下属最大限度地配合自己开展工作，这样他的工作才能更加有效地完成。然而上司的工作方式有时并非是最有效的，也并非是最好的，所以，有一些人总是试图通过自己的努力改变上司的工作方式，这是非常危险的，也是不明智的。

　　既然这样，作为下属的我们就必须尝试着改变自己，毕竟改变自己比改变上司要简单得多。在面对与自己工作方式不同的上司时，我们不妨放弃试图改变上司的念头和幻想，不抱怨、不消极，积极调整自己的心态和工作方式，主动去适应新上司。

第三章

要多挣功劳，
　　而不是多挣苦劳

切勿只有"苦劳"没有"功劳"

　　"没有功劳也有苦劳"是职场人士经常用来抱怨的一句话。很多时候由于各种各样的原因，我们为工作付出了大量的精力却没有收到良好的效果，因而非但不能得到公司的奖赏，反而有可能会受到责备。我们对于这样的状况很苦恼，也很不解，因为自己的付出没有得到回报。

　　在工作中"苦劳"是执行过程，"功劳"则是工作成效。从我们的角度来看，我们自然更加注重过程，我们在过程中付出了大量的劳动，但是从公司的角度来说，他们更加重视工作成效，无论我们付出了多少努力，如果没有成效，我们所付出的努力就不能为公司带来任何利益，那么公司凭什么要给予我们奖赏呢？

　　公司是很现实的，哪一个员工能够给自己带来利益，哪一个员工就有资格得到奖赏获得提升。老板也是很现实的，他将工作任务交给我们之后，不会关注我们做了什么，只会关注我们做出了什么。结果对于老板是重要的。联想集团就曾经提出"不重过程重结果，不重苦劳重功劳"的理念。在公司中，最受老板重视和欢迎的员工就是那些有功劳的员工。

　　刘岩和李思琪是同一家公司的职员，两人进入公司的时间也是差不多的。可是几年下来，两人的待遇却有着天壤之别。刘岩工资一路上升，而李思琪却没有什么变动。李思琪平时工作认真努力，但是却得不到领导的重视，这让李思琪百思不得其解。她认为这是老板在故意偏袒刘岩。

终于有一天，李思琪跑到了老板的办公室去质问老板为何对待自己如此不公正。她说："您交代下来的任务，每一次我都认真地去做了，为了完成您交代的任务，我经常加班加点，牺牲自己的休息时间来为公司忙碌。我如此为公司尽心尽力，为什么您就是对我这么不公平呢？"

老板说："大家每天的时间都是一样的，为什么刘岩在上班的时间就能把工作保质保量地完成，而你却要占用自己的休息时间呢？表面上看，你的确为公司付出了很多，我也很感谢你的付出，但是深层次来看，你的工作能力有所欠缺。你为公司付出了'苦劳'，而刘岩却为公司立下了'功劳'，这就是你的工资一直没有升上去的原因。"

老板每天有很多事情要做，他们没有那么多的时间关注我们到底做了什么，只能通过我们做事的结果来判断我们的成绩。即使是他看到了我们的付出，也不会因为我们付出得多而因此重用我们。"拿结果说话"是老板的评判标准。如果我们过分地强调自己的"苦劳"，那么在他们的眼里，我们就是一个缺乏工作能力的人，每天忙忙碌碌却没有任何成效。这只会让他们更加不重用我们。

因此，在工作的时候不要一味地埋头苦干，而要讲究方式方法，同样的一件事情用不同的方法来处理就会产生不同的效果。我们在接受一项任务的时候，不要直接去做，而要先考虑一下，怎样才能在最短的时间内达到最好的效果。作为员工，我们必须要为我们所做的工作的结果负责。这也是对自己的职业生涯负责。

为了防止我们的工作只有"苦劳"而没有"功劳"，除了要在处理自己工作的时候注意方式方法，还要注意不能总做老好人。同事之间互相帮助是应该的，但是不能因为帮助同事而占用自己大量的工作时间。否则，我们一天忙忙碌碌，本职的工作却做不好。老板也不会因为我们一天没有闲下来而赞扬我们。作为员工，我们要明白自己的工作重心是什么。

　　潘超来到这家公司已经 5 年多了，但是一直停留在公司的最底层。他是一个老实的人，不懂得拒绝别人，因此，他成了同事手中的"算盘珠子"，被任意拨来拨去。即使是新来的同事在了解他的秉性之后，也敢随意指使他。

　　这家公司有自己的餐厅，就在一楼。中午吃饭的时候，本来应该自己下去拿饭的，但是老实的潘超一开始的时候就帮同事带饭。结果次数多了，大家都习以为常，全都要他带饭。到后来更过分，他们吃完之后，居然要求潘超把他们的餐具带下去一起洗。老实的潘超就又多了一项任务。

　　本来中午的时间是用来休息的，以便下午工作的时候有精神。但是潘超做这么多事情，根本就没有时间休息。一到下午工作的时候，他就昏昏欲睡。这导致他的工作效率极其低下，经常不能按时完成任务。这让老板大为生气，经常指责他。

　　有一天下午，潘超实在是太困了，于是就趴在桌子上打起了盹，正好这个时候，老板前来视察工作，看到了这一幕。下班之后，老板就让他到财务部结算工资，然后离开公司。

　　"苦劳"在职场中没有任何意义。一个业务员每天都不停地跑业务、访客户、发传单，但是却一单也签不成，他是没闲着，但是做的都是无用功，出力也不讨好。没有"功劳"的忙碌没有意义。现在的职场要靠实力说话，能够证明我们实力的就是工作的结果，没有一个老板愿意花钱养那些整日忙碌却没有工作成果的人。"以成败论英雄"是现代职场的真实写照。

可不可以不加班

伴随着竞争的逐渐加剧，加班这种偶尔为之的行为已经变得非常普遍。"朝九晚五"的职场生活变成了"朝九晚无"。无数的上班一族睡眼惺忪、顶着朝露去上班，拖着疲惫的身躯，披星戴月赶回家。为了保住自己赖以生存的饭碗，上班一族们不得不适应这种加班生活。加班也成了所有职场人士必修的课程。

陈明毕业以后，经过多方努力，从众多应聘者当中脱颖而出，成功地进入了一家自己心仪的公司。为了能够在这家公司占有一定的地位，陈明开始了他的加班生活。

这家公司虽然也有规定的节假日，但是由于工作忙碌而他自己又急于表现自己，节假日几乎也就成了空谈。他每天向陀螺一样运转，终于他的努力没有白费，成了这家公司的项目经理。然而，舒适的日子并没有来临，工作反而变得更加忙碌。

有一回刚刚做完一个大项目，陈明想要好好休息一下。刚刚订好机票，他就接到了老板的电话，说是又有一个新的项目，要他马上赶往意大利。陈明不得已放弃了自己的计划。这样的事情几乎经常发生。

这种超负荷的工作使得陈明的身体状况越来越不好。每天晚上都失眠。电话铃声成了陈明最不愿意听到的声音。渐渐地，陈明对目前的工作越来越没有兴趣，对他来说，上班就是一种折磨。

这种加班生活使得职场人士的生活痛苦不堪。身体状况由健康变成亚健康，精神萎靡不振。长期超负荷的工作使得上班一族厌倦了职场生活，甚至有人因为顶受不住压力而选择放弃自己的生命。加班使得原本正常的工作变得人人畏惧，加班也成了职场上人人痛恨的字眼。那么加班究竟给公司带来了多少利益，加班真的就比不加班更能提高工作效率吗？

首先我们要明白，公司让我们加班的缘由。现在公司之间的竞争越来越激烈，甚至到了水火不兼容的地步，公司为了让自己生存和发展下去，不得不保证高额的利润，并以此扩大规模，增强自身的竞争力，使公司在竞争中立于不败之地。公司的利润来源于员工的工作，在公司看来，延长员工的工作时间是最好的办法。但是这种加班实际上并没有为公司带来更多的利润。每个员工所创造的价值大小由两个因素构成：一个是工作时间，另一个就是工作效率。通过加班可以延长工作时间，但是同时却降低了工作效率。两相抵消，实际上公司并不能获得额外的利润。

员工憎恶加班，因此在加班时工作效率是极其低下的。因加班而影响员工的正常休息会导致员工在第二天的正常工作时间里精神不振，这同时也影响了员工在正常工作时间里的工作效率。这样算下来，加班所创造的利润能否弥补损失也不好说。

其次，职场中员工之间的激烈竞争迫使员工不得不主动加班。为了维持在领导面前工作积极的印象，长期地保住自己的饭碗，求得更大的发展空间，即使公司不安排加班，员工们也不得不主动加班。这种"被主动"意义更不大。本来公司没有那么多的任务，即使加班也只是在那坐着，什么事情都没有，白白浪费时间和精力。还有一些人是因为无法在规定的工作时间内完成一定的工作量，因此不得不留下来加班。

无论是从公司的角度来看，还是从员工角度来看，长久地加班都没有什么好处。公司的目的是为了创造更多的利润，但是长久地加班并不能为公司增加利润；员工的目的是为了保住自己的饭碗，求得职业生涯的发展，但是加班除了损害自己的健康，降低自己的工作效率，并不能如愿以偿地达到自己的目的。

因此，对于公司硬性规定的加班，我们要学会自我调节，舒缓压力。只有这样，我们才能始终保持饱满的精神状态。同时要反思自己的工作方式，很多时候公司的任务规定并非在工作时间内无法完成，而是我们的工作方法出了问题。找准正确的工作方法，合理安排工作内容，尽量让自己的工作在工作时间内完成，这样就不用整天加班了。此外，作为员工要敢于主动争取自己的正当权益，当我们的身体无法承受加班的压力时，我们应该及时向上司反映情况。适当的休息能帮助我们更好地完成工作。

计划你的工作，完成你的计划

做事有计划是做好工作的前提。很多时候，我们不能很好地完成工作并不是因为我们的能力不足，而是因为我们工作没有计划，胡子眉毛一把抓，结果丢三落四。因此，在开始工作之前，我们一定要抽出时间对一天的工作进行计划，条理分明地把工作内容整理出来，然后按照制定的计划，一项项地完成。这样，我们的工作效率就会大大提高。

杰克是一家公司的总经理，他和其他的总经理不一样，别的总经理

每天总是被一大摊子的事情搅得焦头烂额，而他每天都能悠闲自在地处理完所有的事情。他的秘诀就是工作有计划性。

杰克有一个很好的习惯，每天他都会早起一个小时，在这一个小时的时间里，他会把自己一天将要做的工作细细地梳理。按照一定的逻辑顺序进行排列，给每一项工作都安排充足的时间。这样一天的工作全部排完之后，还会有剩余的时间。

到公司之后，他就按照事先制订的计划开展自己的工作。即使有时候遇到突发时事件，他也可以利用他的剩余时间来处理，而不至于因突发事件搅乱自己的计划。杰克的高效率赢得了老板的赏识，也给自己创造了一个良好的工作环境。

每个人的时间和精力都是有限的，因此时间和精力是最宝贵的东西，合理地利用好时间和精力，在有限的时间里做更多的工作，创造更多的价值，是我们在职场中百战百胜的重要方法。工作效率与工作有无计划性有很大的关系。"凡事预则立，不预则废"。如果我们的工作没有计划，那么对于一天的工作量就没有概念，对工作时间的安排也就不会很合理。如果我们有计划，按照计划好的内容，有条不紊地进行，既可以按时完成工作，又可以工作得很轻松。

那么工作计划要如何安排呢？首先我们要了解一天所要完成的工作，将所有的工作罗列出来，不能有所疏漏。否则，在执行的过程中就会出现偏差。其次，要进行归类，同一性质的工作要放在一起，这样人的思维方式不用转变，工作地点不用更换，可以节省一定的时间。最后，也是最重要的一点，就是要判断工作内容的轻重缓急。我们每天所要处理的工作有轻有重，有缓有急，那些重要和紧急的工作应该放在最前面处理。这样才不会在工作的时候出现失误。为了应付突发事件，最好是压缩每项工作完成的时间，以便腾出一定的时间来。这样就不用担心会被意外事件打乱计划，也不用占用工作时间之外的时间来工作。

计划罗列好之后，最重要的就是执行。严格执行工作计划是非常重要的，再好的计划，如果我们不能执行，也是白费。每个人都有惰性，因此在执行计划的时候，我们很有可能会因惰性而拖延时间。这样事情就会堆积起来，再想顺利处理好就没有那么容易了。

我们不仅要制订一天的工作计划，还要制订周工作计划、月工作计划和年工作计划。这是我们职场生涯发展的轨迹。我们每个人都希望自己在职场中能有大的发展空间，那么计划就是不可或缺的了。周工作计划、月工作计划和年工作计划的制订和每天工作计划的制订有所不同。我们不可能预知那个时候我们所要从事的工作内容，因此不能细致地罗列出每项工作。制订这些计划的时候，关键是要制订一个发展目标。比如说，我们现在正在进行一个项目，那么我们就要在月计划中确定自己什么时候完成这个项目，完成的质量如何。年工作计划就更长远了，我们甚至要把更多的事考虑进去。总而言之，长远的计划就是一个长远的目标，具体的执行还是要落实在日工作计划里。

工作计划是我们的行动指南，计划执行完之后，我们就可以对我们的工作进行总结，从中吸取经验和教训。这样，我们才能不断进步。有计划地工作，我们就会事半功倍。其实，工作很简单，就是分成两个步骤：计划你的工作，完成你的计划。在这个循环往复的过程中，我们就可以高效地完成自己的工作，实现自己的工作目标，在工作中实现你的价值。

在正确的时间做正确的事

同样的工作量，同样的工作时间，能力相当的人来做，为什么有的人却能够按时完成自己的任务，有的人手忙脚乱还是不能完成呢？关键就在时间安排上。看看办公室里的人，有的人一刻也不闲着，似乎有很多忙不完的事情要处理，但是他们的忙碌还是没能换来高效的工作。他们把大量宝贵的时间都用在了一些琐碎的事情上，而在真正需要时间处理的大事上却没有时间去处理。职场中的人一定要注意：在正确的时间做正确的事。

所谓"正确的时间"就是我们每天8个小时的工作时间，这8个小时的时间如果我们可以充分利用，可以做很多事情。所谓"正确的事"就是一天工作中最重要、最紧急的事情。也就是说，我们在工作时间里要先把重要的事情处理完，其他次要的事情可以在处理完这些事情之后再去处理。即使没有时间去做那些次要的事，将之推到明天也无不可。如果我们不懂得在正确的时间做正确的事，本末倒置，那么其结果往往是捡了芝麻，丢了西瓜。

纪凯在一家杂志社工作，负责广告和发行方面的市场调研。他们公司每周周一都会有一个例会。这天在会上，老板随口问道："这一期的杂志投放都到位了吗？你要记得亲自检查啊！"纪凯在旁边答道："您放心，我马上出去查问，明天一定向您报告。"

纪凯认为这件事情是老总在会议上特别提出的，应该马上去办，于是他立刻给负责投递的公司打电话，要求他们把投递数据信息马上传过来。对方说："我们刚投递完毕，现在正在整理数据信息呢，就算加急，也得三个小时后才能给你呀！"

三个小时之后已经是中午了，纪凯连午饭也没顾得上吃，立刻到各个投放点去抽查。这一来整个下午的时间，他都是在各个抽查点来回奔波。直到下午六点钟的时候他才回到公司。

回到公司之后，纪凯才意识到自己忘了一项重要的工作。本来今天下午他已经约了一个客户吃饭，准备谈一项广告业务。自己的爽约很有可能使这笔业务泡汤。于是他马上又拿起电话向客户解释，希望对方能够原谅，改在另一个时间再谈。原来对方在约定的地点等了一个小时也没有等到他的人影，打电话到他们公司之后才知道他出去办其他事情了，大怒之下决定把这项业务取消。任凭纪凯如何解释，对方也不肯给他这个机会。

丢了业务的纪凯被老总叫进办公室狠狠地批了一顿。忙碌了一天的纪凯就搜集了一堆并不是很重要的数据交给了老总，却丢掉了一笔几百万的订单。本来老总在会议上提了那件事情，但是也只是给他提个醒，希望他不要忘了，并没有要他立刻去办。纪凯对工作轻重的判断失误，是他搞成现在这样局面的主要原因。

我们每个人都有自己的工作内容和工作目标，那么凡是远离工作目标的工作都不是重要的工作，这些我们完全可以放在其他时间来做。老板不不管我们每天都在忙些什么，只管找我们要工作成果，我们必须每天都有成绩汇报，这样才能得到老板的重视。因此不要把时间浪费在不必要做的事情上，那样对我们的工作没有任何好处。

在正确的时间做正确的事，再往深层次考虑还要对我们每天 8 个小时的工作时间进行划分。人不是机器，任何时候都能保持旺盛的精力，因此，工作时间里也有工作效率高的时候和工作效率低的时候。那么把每天最重要的事情放在工作效率最高的时间段里来做，工作完成起来就

会既轻松，又不会出现错误。比如说你今天的工作任务是做一个企划案，剩下的时间就是整理一下过去的资料。你会如何安排这一天的时间呢？最重要的当然是企划案，你不能将它放在自己最容易感觉到疲惫的下午一点至两点之间做。要不然在又困又累的情况下，你做出来的东西指不定会出什么错误呢！你应该将它放在精神最饱满的早上9点至12点，那个时候神清气爽，做事最有效率。

职场人士面临激烈的竞争，想要在激烈的竞争中取胜，就必须有高效的工作效率。高效的工作效率来源于我们对时间的合理安排。任何人都输不起时间，职场中不需要浪费时间的人，我们必须学会合理地掌控自己的时间。职场中获得成功的人，往往不是最努力的人，而是最懂得科学合理地运用时间的人，及科学合理地安排自己的工作和时间调度的人。合理安排工作时间既可以为自己减压，又可以在职场中大显身手。

勤于思考，做事动手更用脑

工作是富有创造性的活动，不是一成不变的。在工作的过程中，我们要发挥自己的主观能动性，不断地发现新的工作方法，使工作更加顺利地开展。一味蛮干的人永远不可能有大的成就，懂得思考和创新的人才能在职场中创造辉煌。

我们都知道许多发明创造都是"懒人"干的，这些"懒人"就是不太愿意动手的人，他们在工作的时候，感觉现有的工作方式和工作器械让自己太累，于是就创造性地想出了很多新的工作方法和工作器械。工作就是要动手与动脑相结合，只知动手、不知动脑的人像蛮牛一样，无论如何也做不成大事；只知动脑，不知动手的人，同样也不能成就事业。

在工作中常思考可以发现很多提高工作效率的方法，做起事来往往会事半功倍。

很多年前，在美国，有一个叫约瑟夫的小男孩在加利福尼亚州的一个牧场里当牧羊童。

小学毕业的他由于家庭贫困，不得不退学为他人放羊。但是约瑟夫并没有忘记读书，在牧羊的同时，他经常抱着书本看。

牧羊并不是吃力的工作，他只要保证羊群不去损害农作物就行了。羊是被圈在栅栏里的，栅栏是用若干支柱拉着四条铁丝围成的。但是每当约瑟夫埋头读书的时候，羊总是会撞到栅栏，跑到附近的农田去吃农作物。老板经常为此大骂约瑟夫。

约瑟夫很苦恼，他当然不能放弃读书，但是他也不能放弃现在的这份工作。于是他开始想有没有一种办法能够不让羊群跑出来呢？后来，在一次偶然中，约瑟夫发现，羊群不敢靠近蔷薇。于是约瑟夫仔细观察蔷薇有什么特点。他发现蔷薇的茎上长满了刺。于是约瑟夫决定用蔷薇做栅栏。但当他一望几十米的栅栏和想到蔷薇枝条的长势时，不禁心灰意懒。因为这办法太费劲，况且等到全部蔷薇长成围墙能阻挡羊群时，那该是四五年以后的事了。

经过苦思冥想，约瑟夫终于想到可以用铁丝做成带刺的网，铁丝比蔷薇要结实得多，于是他开始进行他的试验。他找来铁丝，把细铁丝剪成5厘米长的小段，然后缠在铁丝栅栏上，并将细铁丝的两端剪成尖刺。很快他的铁丝网就做成了。第二天放羊的时候，约瑟夫在一旁观察，羊群依然像以前一样朝着栅栏撞去，但是撞一两次，羊群便开始后退，羊再也不敢撞铁丝网了。

约瑟夫的发明为自己赢得了看书的时间，同时精明的农场主愿意出钱与约瑟夫合伙开设工厂，专门生产这种新的围栅以满足牧场的需要。

61

经过改进，约瑟夫的铁丝网的性能得到了提高。他所发明的铁丝网上市以后，订单纷至沓来。

这种带刺铁丝网在不久之后就引起了军方的注意，他们认为把它用作战场防御网是一种不错的选择。约瑟夫凭借着自己的这一项发明，赚了很多钱。据说，等到约瑟夫的发明专利权有效期满时，他曾动用11个会计师花费了近一年的时间才统计出他的财产来。

人不是拉磨的驴，能日复一日，年复一年地重复着一项工作。工作中如果不能推陈出新，对于长期从事这项工作的人来说也是一种折磨。我们在工作的时候，不应该墨守成规，而应该大胆地尝试新的方式方法。一般来说，每一项工作都是建在前人的经验之上的，如果我们总是模仿和重复前人的工作，那么我们最多也就和前人一样。但是如果我们能够打破前人的经验，推陈出新，创造出属于自己的工作方法，或者是为提高自己的工作效率而大胆尝试，那么我们就有可能在职场中创造辉煌。据说，曾经有一个牙膏公司的产品滞销，公司面临倒闭的危险，于是公司召开大会，让大家商讨办法。大多数人的建议都是和以前一样，什么扩大宣传之类的。只有一个年轻人提出把牙膏的开口扩大。公司采用了他的办法，果然销售量大增。

旁人所总结出来的工作方式和经验固然有可取之处，但是随着时代的变迁，任何事情都在变化，我们的工作也是一样，必须要不断地创新，才能跟上时代的步伐。在市场环境发生变化的情况下，如果我们不能创造性地工作，那么我们必然会落后于人。

永远不要争辩，用你的行动证明一切

　　争辩似乎是人的天性，在观点不同的时候，人们总是喜欢与别人争辩，非要把别人驳倒，让别人接受自己的观点。这种做法在职场中是要不得的。争辩会毁了我们的前程，职场中不需要喜欢争辩的人。对于同一件事，每个人都有自己不同的看法，尤其是在工作中，每个人都有自己独特的工作方式和工作方法，我们没有必要苛求每个人都按照自己的方式来做事。在职场中，我们不要为了工作和自己的上司或者是同事争辩。既然知道不能说服他们接受我们的观点，那么我们又何必浪费口舌呢？按照自己的方式去行动，结果会证明一切。

　　职场中，最大的忌讳就是在事情没有做之前和老板打口水仗。一般来说，这种情况都是发生在刚刚进入职场的人身上。初入职场的人带着"初生牛犊不怕虎"的心态进入职场。当他们发现老板的决策和自己所想的不同的时候，往往会直接找到老板争论这件事情。其结果往往是不欢而散。我们何必和老板撕破脸皮去争辩呢？我们把自己的观点表达出来了，老板采不采用，自有老板的考虑。如果他按照自己的部署做事，结果吃了大亏，那么在想到我的意见的时候自然会意识到我们是对的，那个时候他也许会真正地赞赏我们。

　　同样，在职场中也不要与同事争辩。同事之间存在竞争，但同时也存在合作。争辩会伤害同事之间的感情，因争辩而打破与同事之间合作是不值得的，而且对职业生涯的发展也是没有好处的。林肯做美国总统的时候，有一位年轻的军官个性极强，总是与人争辩，因而经常和同僚之间发生争执。林肯处分了这个军官，并且对他说："凡是成功之人，

第二章　要多挣功劳，而不是多挣苦劳

必不偏执于个人成见，更无法承受其后果，这表现了个性的缺憾与自制力的缺乏。与其为争路而被狗咬，不如让路于狗。因为即使将狗杀死，也不能治好被咬的伤。"争辩的结果往往是两败俱伤，经常与同事发生争辩，很快就会被孤立起来。一旦被孤立，我们很难再有所作为。同时，如果我们经常和同事因争辩而闹得很不愉快，那么在老板的眼里我们就是一个没有团队精神的人，即使我们有再强的能力，也不会得到重用。

此外，还要记住不要和客户争辩。一般来说，客户为了在交易的过程中占据有利的位置，都会对我们的产品或者是服务提出质疑。面对这种情况，我们不应该与客户争辩，否则他们会认为我们没有诚意，反而我们会因为一时的意气而失去客户。面对客户的质疑，我们完全可以坦然接受，并且积极更正，直到客户满意为止。

职场中，少说多做是不会错的。在与老板或者是同事意见相左的时候，我们没有必要急于阐述自己的观点并且试图要对方接受。不如把观念化为行动，用行动证明自己观点的正确性。无论什么时候，实实在在的行动都是比毫无意义的争辩更有说服力的。职场中的人，难免会有受委屈的时候，这个时候我们也不要去争辩，要知道争辩会毁了自己的前途。我们的目的是在职场中有所作为，千万不要因为沉不住气而丧失发展的机会。

逞一时口舌之快，最终会遗祸无穷。职场生涯的打造靠的是行动而不是口舌之争。为了求得梦寐以求的升职加薪，为了自己职场生涯的发展，我们一定要管住自己的嘴巴，用行动赢得自己想要的一切。

找借口原地踏步，找方法一片光明

工作中总是有一些拈轻怕重的人，他们并不愿意把自己全部的精力投入工作中去，因此，经常不能完成工作任务。到了要交差的时候，就找出一大堆借口推脱责任。这种人在职场中永远不会有出息。任何老板都不喜欢这种只会找借口的人。同样还有另外一些人，他们敢于接受任何工作任务，无论工作有多么艰难，他们都会想方设法、尽心尽力地完成。老板一般都很欣赏这种人，他们的职场前途一片光明。只会找借口而完不成任务的人永远只能原地踏步，而懂得找工作方法的人则前程无忧。

任何工作首先要求的就是认真负责的态度，找借口就是一种逃避责任的表现。只要老板向自己布置的任务稍微有一点难度就找借口推辞，"这个恐怕有点难度，我经验不够，要不您交给……""我现在正忙着呢，实在没精力再做其他的，要不您找……"之类的借口说得多了，我们就会失去老板的信任，一个失去信任的人，还想在职场中有什么发展？爱找借口的人在接受任务之后，也并不会把全部的精力放在工作上，他们往往会懒懒散散，一推再推，要是遇到一定的困难，或者是受到客观条件的制约，更是会把它当作没有完成工作的借口。即使老板会相信这些借口，没有完成任务毕竟是事实，那么长此以往，老板自然会怀疑我们的工作能力。一个在老板眼里没有工作能力的人，职场前途只怕也是一片晦暗。

找方法的人不会拒绝任何工作，只要是老板安排下来的任务，他们都会尽力去做。即使困难重重，他们也毫不气馁。当客观条件影响了工

第三章 要多挣功劳，而不是多挣苦劳

65

作的开展时，他们就会主动创造条件。他们不会抱怨工作困难，也不会因工作困难而放弃，而是会积极主动地寻找完成工作的最好办法。他们突破重重困难，出色地完成任务之后，老板自然会对他们赞赏有加。时间久了就会给人留下靠得住的印象。由此他们就会有更多的机会做更多的大事，他们一次又一次地完成各种艰难的工作，为公司创造利润之后，升职加薪也就是再正常不过的事情了。

1956年，美国福特汽车公司推出了一款性能优越、款式新颖、价格合理的新车。但是这款车上市以后，销售额却很不理想，这让公司的高管们焦急异常，他们绞尽脑汁也没有想到让销售红火起来的办法。

艾柯卡当时是福特汽车公司的见习工程师，当他了解这一情况之后，也开始琢磨让这款汽车畅销的办法。这一天，他想到了一个办法。于是来到了经理的办公室。他向经理阐述了自己的想法，他建议公司在报纸上刊登一则标题是"花56元买一辆56型福特"的广告。这个广告的意思就是说，消费者购买这款1956年生产的汽车，只需要先付25%的货款，余下部分可按每月付56美元的办法分期付清。这个广告的标题的确吸引了很多人的注意力，人们纷纷向福特汽车公司打听这则广告的意思。

这则广告产生了巨大的效应，人们为这则广告所吸引，纷纷前来购买，打破了福特以往的销售纪录。艾柯卡很快受到赏识，不久他就被调往华盛顿总部当地区经理，并最终坐上了福特公司总裁的宝座。

找方法是成功的捷径。在一项工作难倒了所有人的时候，我们却能够找到解决的办法，那么我们就会脱颖而出，成为职场中的佼佼者。工作没有借口。无论在什么时候都不要为自己的工作找借口。天下没有白吃的午餐，我们只有努力找方法，做好自己的工作，才能在职场中创造出属于自己的天地。方法不是现成的，需要我们绞尽脑汁去想。因此，我们必须改掉自己懒散的坏毛病。面对工作，我们要打起十二分的精神，多方尝试，只有这样，才能找到最好的解决方法。

对于爱找借口的人来说，再简单的工作也难如登天，因为他们根本就不愿意工作。因此，任何工作到了他们的手里，都是一拖再拖。明明可以一小时完成的工作，却要拖上两三个小时才能搞定；明明可以一天完成的工作，却要两三天才能做好。很多机会也就在这种拖拖拉拉中丧失。这种拖拖拉拉的工作作风会给公司造成不可弥补的损失。我们服务于公司，想要从公司获得发展，那么我们就不能以各种借口搪塞公司。当我们以各种借口糊弄公司的时候，公司也会毫不客气地将我们剔除。只要我们在工作中多找方法，相信即使我们最终不能完成任务，老板也会为我们的忠诚和执着所感动。

借口永远只是借口，它不会成为老板原谅我们的理由。与其让借口成为自欺欺人的手段，倒不如勇敢地接受任务，主动寻找方法，全力以赴，完成任务。

第三章 要多挣功劳，而不是多挣苦劳

第四章

打造核心竞争力，
自身价值就是你最有力的法宝

让自己更有价值才重要

职场中总是有一部分人认为靠着与领导搞好关系，或者拥有高学历就万事大吉了，这是错误的观念，也是极其危险的思想。如果这个人真的没有真才实学，那么即使他在一段时间内，能够靠着所谓的关系和高学历位居于我们之上，也不会长久。真的靠山是自身的价值。这和投资是一样的，如果我们不具备升值的潜力，那么谁也不会在我们身上浪费时间和金钱。因此说，提升自身的价值才是最重要的。

陈兴毕业于一所名牌高校，虽然说他平日里读书的时候并不认真，但是名牌高校的帽子使得他在找工作的时候颇受企业欢迎。经过考虑，陈兴决定到一家知名的企业工作。这家企业的老总对陈兴的简历很满意，对于这个名牌大学的毕业生寄予了厚望。

刚到公司的陈兴就被老总安排到了一个非常重要的岗位。在老总看来，以陈兴的能力完全可以胜任这个工作。老总曾经在私下里对陈兴说："你只要在这个岗位上做上半年，不出差错，我就会给你升职。"但是令老总没有想到的是，这个名牌大学的毕业生，并没有想象的那么有能力，交给他的任务一连好几次都没有完成。老总对陈兴开始产生了怀疑。而陈兴自己因为能力不足在这个岗位上感觉很吃力，工作的热情也逐渐消退。这使他工作越来越消极。

没到半年的时间，老总对陈兴就忍无可忍了，不仅没有给他升职，还把他调到了一个普通的岗位上。但是陈兴在原来的岗位上养成的懒散的工作作风始终不能改变，在这个平时不怎么忙的岗位上，他的懒散更加发挥到了极致。本来就不精熟的专业知识，经过这么一折腾，忘得就差不多了。最终，陈兴被单位炒了鱿鱼。

上司之所以愿意帮助或者提携我们，是因为我们可以为公司创造价值。我们的能力才是他们真正欣赏的东西。公司给我们机会和平台，我们就必须能给公司创造业绩和收益，这是一个互惠互利的过程。一旦有一方打破这个平衡，那么上司与下属之间稳定的合作关系也就会受到影响。

我们是否具有价值，能够长久地吸引上司的注意力。我们的价值是最核心的因素，起到决定性的作用。在职场中，提升自身的价值最重要。公司的最终目的就是获得利益最大化，只要我们具备这方面的能力，迟早会得到公司的认可。只要我们的确以自身的价值给公司创造了足够多的价值，那么我们就一定可以从公司那里取得我们想要的一切。

冯军高中毕业之后，一直在找工作，但是没有任何结果。他始终相信自己能够找到很好的工作，因为他对自己的能力很有信心。

这一天他看到一家有名的企业正在招聘推销员，他决定去试一试。轮到他面试的时候，面试官告诉他，他们已经找到了合适的人选。但是冯军没有离开，他拿出了在学校时获得的各种各样演讲比赛的获奖证书展示给面试官们看，以此证明自己的口才已经具备了做一名销售员的资格。在他的坚持下，面试官答应了让他进入公司试用，但是试用期间是没有工资的。

在试用期间，冯军充分展现了自己的才能，一个月的时间，他就打破了原来销售人员所创下的业绩新纪录，他顺利地转正。在以后的日子里，他一次又一次地为公司创造了利益，他的才能为他的职业发展带来了前途，现在他已经是这家公司销售部的经理了。

有价值的人必然能为赏识他的人带来更多的价值，公司的老总都是很有眼光的，他们岂会放着这样的人不用。没有所谓的关系不可怕，怕的就是我们本身没有价值。古往今来，出身于草莽中的英雄豪杰数不胜数，为人们所熟知。反倒是那些出身于世家大族的豪门子弟，他们凭借着祖宗的庇荫谋得一官半职，但是酒囊饭袋的他们始终没有作为。职场中也是一样，只要我们有价值，到哪里都有施展才华与抱负的机会，到哪里都能成就一番事业。

要想升职，必先升值

升职加薪是职场人士梦寐以求的，加薪还不是太难，但是升职却是难如登天，能够升职的只是众多职场人士中的极少一部分。为何升职这么难呢？公司设立不同的职位是为有不同工作能力的人准备的。我们想要从低一层次的职位上升到高一层次的职位就必须具备胜任这一职位的能力，并且要保证能够在这一职位上做出成绩。这就需要我们不断提高自身的能力，也就是提升我们的价值。想要升职，必先升值。

现代职场竞争激烈，如果我们不提升自身的价值，那么别说是升职，很有可能会被再次打入职场的最底层，甚至被淘汰出局。职场中不进则退，因此，我们必须要提升自身价值，逆流而上，达到职业生涯的巅峰状态。所谓升值，一般来说包括知识提升和能力提升两个方面的内容。知识是基础，从事一定的行业必须要有相关的专业知识储备，在此基础之上还要扩大知识面；能力就是指专业知识的运用能力，这要在工作的过程中不断提高。这是一个使人成长为更加成熟和完美的职业人士的过程。

王琳在英语专业毕业之后，在一家外贸公司做业务员，由于这家公司的合作伙伴几乎都是外国企业，王琳的英语专业优势被凸显了出来。她在这家公司里做得风生水起，但是一年过去了，她还是在做基层的业务员。她一直都想不明白为什么没有升职。

后来偶尔有一次，她看到自己主管的办公室里放着一本关于外贸知识的书籍，她终于明白了自己没有升职的原因。虽然自己的英语很好，有很大的优势，但是对外贸知识并不熟悉，一个半路出家的人怎么可能领导内行人呢？于是王琳下决心恶补外贸方面的知识。她报名参加了一个培训班，经过一年的学习，王琳取得了结业证书，并且考取了相关的资格证书。在这一年的时间里，她在单位里经常向旁人请教外贸知识。充电后的王琳在工作上越来越得心应手，最终成了众多业务员的头领。大家有问题的时候都纷纷向她请教。

充足的外贸知识，再加上她的英语优势使得她的工作业绩直线上升。这一年年终的时候，公司的总经理当众宣布了给王琳升职的决定。

职位是伴随着自身价值的逐渐提升而提升的。想要升职，就不能满足于现状。有些人工作以后，就觉得没有任何事情可以做了，除了做现在的工作就再也没有想过为自己充电，结果只能一辈子在职场的底层打拼。我们每个人都有需要学习的东西，即便我们不升职，为了更好地完成现在的工作，我们也需要不断学习。有些东西在工作的过程当中可以学到，但是有些东西必须在工作之外的书本中学习。

部分人认为在工作中我们可以学到所有应该学到的东西，这种想法是错误的。我们在现有的工作上所学到的东西只能够帮助我们更好地完成现有的工作，随着工作经验的积累，目前的工作对于我们来说不再那么艰难，但是这并不是进步，因为这并不足以成为我们升职的理由。我们并不具备更高职位的人所必须要掌握的知识和能力。

管理层的人要做的工作很宏观，这就需要以更加广博的专业知识为基础。只有拥有扎实的专业知识，我们才能够在宏观上把握公司的发展方向。管理层在能力上的要求更加多，除了要具有专业的工作能力，还要具备决策能力、执行能力、社交能力、沟通能力、组织能力、协调能力、应变能力等。没有这些能力，很难胜任管理层的工作。从这里我们可以看出，管理层的人所要掌握的知识结构更加完善、能力要求更加突出。他们与身在底层的人是不一样的。

一般来说，公司会给每一个员工足够的升职空间，关键就要看员工的价值是否能不断得以提升。在这个不断发展变化的时代，我们必须不断接受培训、积累经验、更新技能。只有这样，我们自身的价值才会得到提升，我们才会获得升职的机会。

让自己成为公司的骨干

每个公司总是会有那么几个员工是公司的骨干成员，他们在公司的发展过程中起着不可替代的作用，是公司不可或缺的员工。现代职场人才过剩，但是大多数人都是中低端人才，高端人才极度匮乏。因此，公司不得不独立培养高端人才，那么他们选择培养的高端人才源自哪里呢？自然就是源自骨干成员。因此，无论在什么样的公司，只要能够成为骨干成员，前途就会一片光明。

想要成为骨干成员也不是那么容易的，我们必须自己主动去争取。骨干成员关系到公司的发展前途，因此骨干成员最重要的一条就是要有绝对的忠诚度。先不管个人能力如何，一个不具备忠诚度、经常嚷着要跳槽的人是永远也不可能成为骨干成员的。对于公司来说，骨干成员是支撑公司发展的一个重要支柱，一旦离去就会给公司造成极大的损失，因此，公司不可能选择一个没有忠诚度的人成为公司骨干。

骨干成员与公司的利益息息相关，因此必须保持对公司的绝对认同，无论在什么情况下都要坚决捍卫公司的权益。因此，想要成为公司的骨干成员，首先就要有忠诚度，拥有忠诚度的人，会给公司留下很好的印象，这是争取成为骨干成员的第一步。

周强是一家公司的项目经理，负责与客户进行联络和商谈。这一天，他前往另一家公司商谈合作项目，在商谈的过程中，对方表示，如果他肯在项目上有所让步的话，就给他一大笔钱。周强不肯答应。对方就劝他说："反正这笔钱是公司出，你就算是让了，公司也不会亏钱，你又何必这么死板呢？"周强严正地对对方说："我作为公司的代表，代表的是公司的利益，一切有损公司利益的事情我都不能做。"这件事情后来被公司的老总知道了，老总对他越来越欣赏。

后来周强公司的竞争对手为了瓦解周强公司，决定把周强挖到自己这边来。那家公司给周强开出了丰厚的条件，薪资比现在的公司要高得多，但是周强还是拒绝了。公司的老总知道后吓出了一身冷汗。他知道自己的客户大多数都是周强联系到的，都与周强有着密切的关系，如果周强真的被对手挖走，那么自己公司就要面临一场巨大的危机。通过这件事情，老总对周强越来越信赖，周强因此成了老总的心腹。凡是关系到公司发展的事情，老总都会找他商量，现在的周强俨然成了老总身边最重要的人，也成了这家公司最不可或缺的人。就连总经理的位置老总都已经为他预备好了。

我们的职场生涯不能在跳槽中度过，只有认定一家公司，并且绝对忠诚于一家公司，我们才能够在这家公司长久地发展下去，我们始终如一的工作最终会得到公司的认可。当公司认可我们的时候，我们也就离骨干人员近了一步。除了要保证绝对的忠诚以外，我们还必须对公司有所付出。如果我们几十年如一日在一家公司默默无闻，始终可有可无，那么我们也是不可能成为骨干人员的。

全球零售巨头沃尔玛亚洲事务主管有一位私人助理，他是一个年轻人，很受主管器重。他每天都能够把主管的工作安排得井井有条，使主管高效地开展工作。每天的日程表、记录、会议安排都是那样。

由于是私人助理，他还要负责主管的生活。主管的健康状况很是糟糕，这位助理就和私人医生保持着密切的联系，并随身携带主管经常服用的药物。对于主管兴趣爱好，他了如指掌，因此，主管对于他所安排的饮食起居总是很满意。一次，主管出差来到日本东京，一进下榻的酒店的房间，就惊喜地发现窗帘是自己最喜欢的米黄色，床上摆着自己平时习惯用的那种枕头——原来，助理早在两天前预订房间时，就已安排好了一切。

有一次，这位助理被派往美国去处理一些事务，他刚走没几天，主管就感觉很不适应，生活工作一团糟。没办法，主管只得频繁往美国打电话，催促他赶紧处理完美国的事务回国。

后来，主管因为健康原因辞去了职务，在他的极力推荐下，那位助理接替了他的职务。

如果把公司比作一个大家族的话，那么骨干成员就是以族长为核心的保证整个家族繁荣昌盛的人员。这些人员对自己的家族绝对忠诚，并且能够为家族的繁荣贡献自己的全部力量。也就是说，作为公司的骨干人员，两个最重要的方面就是忠诚与能力。忠诚不会使公司因为骨干人员的背叛而蒙受损失；能力使公司因骨干人员的存在而获利，这两者都符合了公司存在的根本目的。

职场较量中不可忽视的软实力

职场竞争力可以划分为硬实力和软实力两种，面对职场激烈的竞争，人们对硬实力的追求越来越高，尤其是那些即将步入职场的人，他们疯狂地往硬实力上添砖加瓦，却忽略了软实力的重要性。软实力在应聘的时候并不凸显，因此人们往往容易忽略对软实力的培养。然而一旦我们进入职场，硬实力的作用就大大降低，软实力则成了决定职场竞争胜败的关键因素。因此，我们决不可忽视对软实力的培养。

硬实力，简单地说，就是硬件，比如学位证书、英语证书、职业资格证书等。这是你步入职场的敲门砖。很多单位在招聘的时候都会标明自己需要什么学历层次的人，要求有什么样的资格证书。硬实力是有标准可循的，因此，在招聘的时候，它就成了衡量一个人能力大小的标准。但是一旦步入职场，公司就不再会关注我们的硬实力，因为这些他们在招聘的时候已经完全了解了。而且硬实力通过学习，每个人都可以得到，比如你能拿到学士、硕士学位，别人也能拿到。这时候，这种能力就不能成为核心竞争力。那些需要经过长时期地观察才能了解的软实力就成了单位关注的重点。

软实力就是专业技能以外的可以对职场发展造成影响的要素。这一部分要素与硬实力一起组成了一个人的综合素质。这是单位考察员工的重要方面。

那么如何培养软实力呢？

第一，就是要有长远的眼光，每个人对自己的职场生涯都应该有一个长远的规划。不仅员工个人需要考虑，单位也会注重员工的职业规划。如果一个员工对自己的职业定位不明确，始终处在迷茫的状态，随时都有可能撂挑子不干，那么公司又怎么会重用这样的人呢？一个清晰明了的职业规划也能反映出员工的眼界和思考能力。这对员工的工作开展有着很重要的意义。如果没有宽阔的眼界，员工就只能默默执行公司规定。这种没有创新能力的员工，是单位所不需要的。

第二，就是要有良好的沟通能力，这是非常重要的。公司是一个组织、一个团队，只有团队里的每个成员都能互相尊重、互相帮助，公司才能正常运转，才能获得最大利益。一个没有沟通能力的员工很难与其他同事建立良好的关系，这样的员工在公司中只会破坏公司的氛围。同时沟通能力对个人工作的开展也有着很重要的意义。一项工作一般需要多个部门配合完成。我们如果没有沟通能力，就很难完成一项任务。

第三，就是要有积极进取的精神，一个人的精神状态和对待工作的态度，决定这个人工作的好坏。职场的发展需要我们不断努力提高自己的能力，增加自己的工作效益，如果没有积极进取的精神，我们就只能原地踏步。一个消极应对工作的人，整日昏昏沉沉，垂头丧气，怎么能够赢得老板的赏识呢？

第四，要有学习能力。通常来说，我们所掌握的知识和能力都是有限的，不可能长期为公司所用，当我们没有利用价值的时候，就会被公司淘汰。然而，一个拥有学习能力的人，他身上的潜力是无穷的，可以不断为公司创造利润，同时可以胜任很多职位。这样的人是最受公司欢迎的人。一般的公司看重的不是一个人目前所掌握了多少知识和技能，而是看重他将来能够有多少知识和技能。

第五，要有优秀的品质。宽容、仁爱、谦虚、忠诚等都是优秀的品质，每个公司都有其自身的文化，为了维护公司形象，公司会将那些品质低下的人请出去。不管一个人的工作能力有多强，如果在道德品质上有所缺失，那么这个人也是不可用的。

第六，要有良好的理解和执行能力。理解能力是一个人能否正确执行公司方针政策的关键。如果员工没有良好的理解能力，很容易在工作中出现失误。执行能力更加重要。面对公司派下来的工作和任务，员工应该具备快速执行的能力，这样才能拥有较高的工作效率。

总而言之，在激烈的职场竞争中，我们要硬实力和软实力并举，只有这样才能取得职场竞争的胜利。

打造自己的核心竞争力

在竞争激烈的职场中，我们应该具有一项别人没有或者是弱于自己的能力，只有这样我们才能凭借这个在职场中胜出。这就是核心竞争力。一个什么都懂，但是什么都不精的人不是职场需要的，只有在精通一种能力的前提之下拥有广博知识的人才是职场真正需要的人，才具有竞争力。

传统的思维方式告诉我们要发现自己的不足并想办法弥补，但是在知识更新换代如此快的大环境下，我们始终都处在不足的状态之下。这种方法已经不是职场中胜出的最好办法。最好的办法就是找到自己的优势，并在自己的优势上下功夫，经营自己的优势，使自己具备旁人所不具备的能力，这才是制胜之道。有了这种核心竞争力，我们就可在职场中无往而不利。这和推销东西是一样的，一个没有特点的产品，平平无奇，与同类产品相比，没有绝对的竞争优势，势必难以推销出去。

微软的创始人比尔·盖茨正是因为打造了自己的核心竞争力，才在电脑行业占据了至高无上的地位。比尔·盖茨创业的时候还是一个没有毕业的大学生，但是他已经在注意打造自己的核心竞争力了。盖茨对电脑充满了兴趣，并且拥有电子计算机方面的知识。为了专心钻研计算机，他甚至从美国高等学府哈佛大学退学。

1975年1月份的《大众电子学》杂志，封面上Altair8080型计算机的图片一下子点燃了比尔·盖茨及好友保罗·艾伦的电脑梦。

这台计算机是由一个名叫埃德·罗伯茨的人研发的。比尔·盖茨看到了商机，他主动打电话给埃德·罗伯茨，表示愿意给后者研制Basic语言。盖茨和他的好友艾伦一起在阿肯计算机中心工作了8周才为这台计算机配上了Basic语言，此前从未有人为计算机编过Basic程序，两人开辟了软件标准化生产的基础。

盖茨在软件开发上取得了巨大的成绩。1975年，微软公司诞生。盖茨和艾伦利用自己的核心竞争力奠定了在计算机软件开发领域的基础，进而造就了自己的辉煌人生。

打造核心竞争力，首先我们要明白自己的兴趣爱好，在这一基础之上打造核心竞争力是比较轻松的。兴趣是最好的老师，它会指引我们下功夫去钻研，成功的机会也就大大增加了。

核心竞争力是在职场中胜出的关键所在。只要我们拥有一项别人没有的，或者是远远超出他人的能力，那么这就可以成为我们的核心竞争力。它会使我们周围的同事、朋友、上司和老板对我们刮目相看。这一竞争力在给公司带来利益的同时，也会给我们自己赢得更多的成功机会。

核心竞争力，首先就要给自己一个明确的职业定位。职场的范围广大，我们所要打造的核心竞争力不可能在任何一个行业都具备无可阻挡的竞争力，因此，我们必须要有明确的职业定位，以职业定位为基础，相应地提高从业能力。只有这样，我们才能集中所有精力打造核心竞争力。职业发展就像一棵树，旁支过多就会阻碍大树的生长。如果不能给自己一个准确的定位，对什么都感兴趣，什么都想去做，看起来是什么都会，但却没有一样能做到最好。能力范围虽然很广，但是却没有核心的竞争力，从事任何职业都很容易被别人挤下去。

在有了明确的职业定位之后，我们要对我们所要从事的职业进行研究，找到这一职业最需要的核心能力，然后就可以有针对性地补充知识，培养能力。同时我们要对竞争对手进行分析。出奇才能制胜，我们不仅要在所有竞争对手都具备的能力上下功夫，努力超越他们，还要具备创新精神，找到能够更好地促进行业发展的工作方法或者是推动相关行业的创新和进步。这种独一无二、不可复制的能力是核心竞争力最重要的组成部分。拥有这种核心竞争力之后，我们就可以凭一己之力，创造更多的价值。

如今的职场呈现出了人才过剩的局面，一个职位往往能够吸引几百人前去应聘，优胜劣汰成了不可逆转的潮流。在这种情况下，我们想要脱颖而出，就必须独树一帜，打造核心竞争力，只有这样我们才能成为万丛绿中一点红。

创造更多的效益，才能领到更高的薪水

身在职场中的你是否总是认为自己的薪水太低，福利待遇太差？是否总是把原因归结为老板太抠门，公司太苛刻？然而事实真的是这样吗？有这方面的原因，但却不是最重要的，我们忽略了最重要的一点，那就是我们的薪水的来源。我们的薪水多少并不是老板和公司决定的，而是由我们自己所创造的效益决定的。如果我们创造了足够高的效益，那么我们必然就可以领到高薪。

我们总是很容易站在自己的角度来思考薪水问题。我们认为自己为

公司做了很多的事情，付出了很多的劳动，但是我们的薪水和所付出的劳动是不一致的。事实上也的确是不一样的，薪水和我们所付出的劳动成正比，但是却绝对不是等同的。公司的生存和发展依靠的是员工所创造的效益，它必须从我们所创造的效益当中抽出一部分作为公司下一步发展的资金，否则公司就难以运行下去。

一名老总曾经问公司的员工："如果公司每月支付你1000元酬劳，那么，你应该做多少工作才合适呢？"员工脱口而出："当然是做1000元的工作。"老总说："如果真是那样，我必须开除你。表面上看，你完成了1000块的工作，我支付给你1000块的工资是合情合理的，但是再加上水、电、办公用品等开销，我就会赔钱，所以我必须解雇你。"

这样分析的话，我们的薪水并不低，只因为我们把薪水和工作效益等同起来，才会认为自己的薪水太低。想要拿到更高的薪水，我们必须为公司创造更高的效益。比如说我们的薪水是工作效益的百分之十，我们想要月薪一万块，就必须在一个月里为公司创造十万块的效益。高薪不是公司给的，也不是老板给的，是要靠我们挣回来的。钢铁大王卡内基说过："总有人抱怨公司支付他的薪水不够高，但是他从来没有想过，支付他工资的并不是公司，而是他自己的业务能力与工作表现。"

公司支付给我们的工资是由我们的工作业绩和效益决定的，如果我们对自己现在的待遇不满意，那么从现在开始，我们就努力工作，积极为公司创造更多的效益，只要我们为公司创造的效益高了，高薪也就是水到渠成的事情了。因此，我们必须提高自己为公司赚钱的能力。"临渊羡鱼，不如退而结网"。天天抱怨自己的薪水太低，薪水还是不会涨上去。既然这样，我们就收起自己的抱怨，好好想想怎样为公司创造更多的利润，增加自己的工作效益。

一位年轻的记者去采访日本著名企业家松下幸之助。年轻人费了很大的劲才争取到采访的机会，因此非常珍惜。他为这次采访做了精心的准备，这次采访相当成功，年轻人得到了他想要的所有信息。

采访结束后，松下幸之助问他："小伙子，你一个月的薪水是多少？"年轻人很不好意思地说："1万日元。"松下幸之助笑着说："虽然你现在的薪水只有1万日元，但是你知道吗，你的所得远远不止这1万日元。"

年轻人不知道松下幸之助是什么意思，带着询问的表情看着他。松下幸之助接着说："你今天能够争取到采访我的机会，将来就有可能采访到其他名人，这证明你在采访上有一定的潜力。如果你能多多积累这方面的经验，这就像你在银行存钱一样，钱存进了银行是会生利息的，而你的才能也会在社会的银行里生利息，将来能连本带利地还给你。"

拥有赚钱的能力是最重要的，薪水的多少完全取决于此。在拥有赚钱能力的同时，我们还要愿意把这种能力出卖给公司。公司与员工之间的关系让很多员工困惑不已。我们通常会把自己的利益与公司的利益对立起来，认为是一个此消彼长的关系。我们经常也会把薪水低的原因归结于此。事实上公司与员工之间的利益从根本上来说是一致的，员工为公司创造更高的效益，促进公司更好地发展，公司在发展的同时也会给员工以高回报。这种良性的循环模式使得公司与员工获得双赢。无论是员工，还是公司，只要是有人打破这种循环，那么受损的就不止是一方。如果员工不肯为公司全力以赴，就必然导致公司整体的效益低下，难以维持，那么公司就不可能给员工以丰厚的回报。如果公司因此而倒闭，那么员工就会失业。如果公司在得到高效益的时候，不愿意给员工丰厚的回报，那么员工必然会消极怠工，最终还是会影响公司的发展。

作为员工，我们不能左右公司的运转，无论公司是否会打破这种良性的循环模式，我们首先要尽自己最大的努力维护这种循环。也就是说我们要全力以赴，充分运用自身的能力，为公司创造更高的效益。如果我们的确为公司创造了高效益，而公司却不肯给予我们相应的回报，那么这样的公司也不值得我们继续为它效劳。

无论怎样，创造更多的效益，才能领到更高的薪水。我们在抱怨自己的薪水太低之前，应先正视一下自己的工作是否为公司创造了高效益。

你的优势让你不可替代

世上没有全才，也没有一无是处的人，我们只要能够找到自己的强项和优势，就有可能拥有成功的人生。我们在开创自己的职业生涯的时候，首先就要对自己进行剖析，找到自己的优势，有针对性地增强自身的优势。在与公司发展方向一致的前提下，我们就有可能成为公司不可替代的员工，从而拥有成功的职场生涯。

刚才讲到，自己的优势要与公司的发展方向一致，也就是说，我们在选择职业的时候要依据自己的优势来选择。很多人对于自己的优势不甚了解，因此，在选择职业的时候很是盲目，随随便便就接受了自己不喜欢的工作，从而压制了自己的优势。在一个自己没有优势的工作岗位上，一般来说是很难有所作为的。通常情况下，我们的优势与兴趣是结合在一起的，因此，我们首先可以根据自己的兴趣选择职业，然后在职业发展的过程中，逐渐找到优势所在，那个时候再有意识、有针对性地增强自身的优势，则会事半功倍。

有着全球第一女CEO之称的卡莉·菲奥莉娜一开始的时候也并没

有在经商上下功夫。她遵从了父亲的意愿，上了法学院。但是枯燥无味的法学课程，丝毫不能提起她的兴趣。相反，她对商业的兴趣却浓厚起来。于是她违背父亲的意愿，放弃了学业，学会了意大利语。

卡莉·菲奥莉娜的第一份工作是在一家房地产中介公司上班。她在这份工作中的表现让经理诧异不已，高效率的工作让经理咂舌。从最初的前台接待员、接线员、打字员做到财务分析员，甚至还负责改写几亿美元的营销计划。

这份工作历时虽然不长，但是却加深了她对商业的兴趣。为了更好地在商业领域有所发展，卡莉·菲奥莉娜于1978年进入马里兰大学商学院学习MBA课程。她的老师艾德文·洛克教授后来说："她是我教过的最聪明的学生，她具有杰克·韦尔奇那样的商业智慧，能够统揽全局。"

两年后，菲奥莉娜进入一家著名的通信企业当实习经理。她在这份工作中表现出了高度的热情。主动出击，承担艰巨的任务，了解市场、了解客户、了解每一桩交易所遵循的策略。通过不懈的努力，她建立了自己的关系网。卡莉·菲奥莉娜在这家公司做了近20年的时间，从一名底层销售经理逐步升到了高级经理的职位。1998年，她成为朗讯公司的总裁，一年后又成为惠普公司的CEO。

成功的诀窍就在于经营自己的强项。在我们的职业生涯中最怕的就是找错自己的位置，用自己的短处来谋求发展，那会使我们陷入深深的失意中。因此，在选择职业的时候，我们不要考虑它是否能够立刻为自己带来金钱和名誉，而要考虑它是否能够使我们为之努力。富兰克林说：宝贝放错了地方便是废物。我们的优势就像是一块黄金，价值不菲，然而如果把它放在荒无人烟的沙漠中，它就无法发挥其作用。只有把它用在闹市中，才能最大限度地实现它的价值。

然而人们总是不善于发现自己的优势所在，当我们看到自己的缺点

的时候，我们的眼睛就会被缺点所蒙蔽，再也看不到自身的优点。这就像一个容貌清丽的女子在照镜子的时候看到的往往是脸上的一颗痣一样。所谓瑕不掩瑜，我们身上有缺点，但是我们的优势不会因为那些瑕疵而消失。只要我们用心去寻找就能够找到优势所在。

央视著名主持人张越一度因为自己的肥胖而自卑。中学的时候她就希望别人永远看不到自己，因此她总是穿着蓝色和灰色的衣服。大学的时候这种自卑感依然没有消失，她讨厌穿裙子，讨厌抛头露面，更讨厌上体育课。

虽然她为自己的肥胖而苦恼，但是她没有就此放弃自己的人生，她也在考虑自己的职业发展。在她看来，她能够从事的职业不多。首先就是写作，她喜欢写作，而且当作家不用老是抛头露面；其次是唱歌剧，她认为胖人唱歌剧有优势，共鸣好，音量也大；最后是厨师。

为了能够当作家，她阅读了大量的中外名著，写了不少文章，但是没能成功。她努力学唱歌剧，而当她跑到声乐系申请第二学位时，只唱了两句，教授就告诉她可以回去了。她也在暗中学习了不少烹饪方面的知识。

然而她的第一份职业却是老师。在与学生的交往过程中，她慢慢地走出了自卑的阴影。

一次偶然的机会，她在"半边天"节目里当了一次嘉宾。在节目里，她表露了自己想当厨师的梦想。于是，她被制片人安排到周庄和苏州，去寻访当地的名菜，并跟着特级厨师学做淮扬菜，然后自己做给观众看。

让她没有想到的是，这一次录制节目改变了她的人生轨迹。她成了这个节目的主持人。在从事这个"全国人民都看得见的职业"的过程中，张越彻底变了。她松弛有度又充满灵性的主持风格，赢得了观众的认可。

缺点掩盖不住优点的光芒，当我们找到自己的优势所在并尽力表现出来的时候，缺点就会被优点所掩盖。如果我们总是盯着自己的缺点，那么我们的行动就会被束缚，我们就很难给予自己正确的职业定位。在确定自己的职业方向的时候，我们不要去管自身的缺点，而是要善于发现自身的优势，只要找到优势所在，缺点就不会对我们的职场生涯造成影响。

第四章 打造核心竞争力，自身价值就是你最有力的法宝。

第五章

不要孤军奋战，"独行侠"很危险

职场不需要"独行侠"

　　无论是崇尚个人英雄主义的人，还是"打掉牙往肚子里咽"的人在职场中都是难以生存的。这两种极端性格的人都是职场中的"独行侠"，他们的特立独行最终会导致自己被组织所遗弃。要想一滴水永不干涸，唯一的办法就是将它放入大海。一个员工只有充分融入整个团队之中，才能充分发挥自己的能力，创造最大的价值。

　　职场是讲究合作精神的，从公司的角度来看，它希望每一个员工都能够精诚合作，这样可以提高工作效率，为公司创造更多的价值。从员工的角度来看，如果公司的每一个人都这样特立独行，那么整个公司就会如同冰窖一样寒冷，这样的公司是不能待的。同事之间，即使在私下里没有交往，在工作的时候也需要相互帮助。

　　现代职场虽然分工细密，但是整个公司的运作是一个整体的系统，任何一个员工出了问题都会影响全局，因此，员工之间需要互相帮助，保持工作的一致性。如果大家都是各做各的，那么公司的整体运营就会瘫痪。因此，公司对于那些"独行侠"是不能容忍的。任何一家公司，所有的员工都必须有团队精神，只有朝着同一个目标携手向前，才能成功地完成目标。"独行侠"们即使是能力出众，若不善合作，终究也是难以取得成功的。

　　肖玲毕业之后来到一家出版社工作。这是她的第一份工作，因此她非常认真，每次接到任务之后就立刻埋头去做，但是她没有想到自己的第一份工作没过多久就丢了。

这一天早上，肖玲迟到了。中午休息的时候，编辑部问她怎么会迟到。肖玲解释道："堵车了。"编辑部主任告诉她以后不能按时到就提前打个电话，她答应了。但是第二天，她又迟到了。当编辑部主任再次问她的时候，她给出了这样的回答："下班把耽误的时间补上就行了嘛！"编辑部主任生气了，他喊道："你的稿子今天要排版，制作部也跟着你下班补时间？"

编辑部的电脑有点问题，经常会出现死机的状况。但是这些问题并不难处理。编辑部里的好几个编辑都是这方面的高手。但是肖玲并不懂这些，她每天工作的时候都会出现死机的情况。一天下来，她光重启计算机就七八回。最后编辑部的一名同事实在是看不过去了，就主动帮她修理了。

编辑部的工作枯燥无味，经过一上午的忙碌，中午大家就会聚在一起吃饭，说说笑笑以舒缓压力，但是肖玲从来都不和同事们一起吃饭。她总是一个人默默无闻地坐在一旁。在她看来，那些同事们都是没有理想抱负的人。道不同不相与谋，还是不要和他们在一起的好。在办公室里，肖玲是最特殊的一个，除了工作需要以外，她从来不正眼瞧一下自己的同事，上下班的时候也不与他们打招呼。

她独行侠的工作作风最终导致了被辞退。这一天，中午休息的时候，同事们忽然听到肖玲扯着嗓门在和别人吵架。原来，这天肖玲把文件送到制作部去排版，制作部的同事却怎么也找不到了。制作部主任跑来询问，然后让肖玲再回去找一找。肖玲顿时火冒三丈，不依不饶。最后还是编辑部主任过来解围。

这件事情之后，出版社做出了辞退她的决定，虽然她的工作做得不错，但是她自高自大、目中无人是单位所不能容忍的。

职场虽然不是军队，但是也有其自己的规章制度，作为员工，必须要遵照规章制度行事。不能随心所欲。守时、守纪是团队精神的基础，也是每一个员工都要做到的。否则，每个员工都按照自己的习惯时间上班，那么公司成什么样子了，工作还怎么开展？

每个人都不是万能的，都会在自己的工作过程中遇到难以解决的问题。这个时候，该向同事寻求帮助就要向同事寻求帮助，否则会影响工作效率。坚持自己的事情自己处理是正确的，但是不能盲目坚持，面对不能处理的问题，还是坚决不肯向别人求助，那么问题就始终无法得到解决，这终究不是办法。团队协作，就是要互相帮助、截长补短，这样才能发挥团队的作用。

卡耐基曾说过：一个人的成功，15%取决于个人技能，而85%取决于人际关系。两者的关系就像机遇与才华的关系，假如没有机遇，即便有再高的才华也无从施展，就像一粒饱满的种子落到沙漠里永远不会发芽一样。但是假如遇到肥沃的土壤，就会很快生根发芽，长成参天大树。同事之间很难成为知交，但是我们也不能就此与同事闹到势成水火的地步。由于地域文化和生活环境的不同，同事之间的价值观与人生观存在很大的差异，但是我们要学会包容这一切。当我们拒绝与同事来往的时候，就等于是把自己孤立起来了。

一个没有团队协作精神的人，即使是才高八斗、学富五车也是不可能有所成就的。职场"独行侠"的工作方式和为人处世方式会使自己成为职场的弃儿。

合作能获得双赢，甚至是多赢

团队精神对于公司的发展有重要的意义，一个有团队精神的公司能够发挥 1 + 1 > 2 的效果，一个没有团队精神的公司，他们的工作必然会产生 1+1<2 的效果。也就是说如果公司的员工能够精诚合作，那么两个人的工作效果会大于两个人单独工作的效果；如果公司的员工没有合作精神，相互之间钩心斗角，那么两个人的工作效果，则会小于单独工作的效果。因此，公司非常注重团队精神。

在专业划分越来越精细的今天，人们的知识和能力的局限性越来越大。我们所接受的教育都是专业化的教育，在专业领域之外的地方，我们并不能有所作为。然而，一个公司是不可能只需要一个专业的人才的，因此，只有公司的所有员工互相合作，才能满足公司发展的需要。因此，现代职场已经告别了"单枪匹马"的时代，只有与同事互相合作，利用对方的能力，再加上自身的能力，才能实现价值最大化。

然而，人们狭隘的心理是合作的障碍。在与他人合作的过程中，人们看到的往往不是自己占的便宜，而是别人占的便宜，因此，很多人拒绝与他人合作。这就是"一个和尚挑水喝，两个和尚抬水喝，三个和尚没水喝"。然而，在竞争激烈的今天，如果我们不能趁机而上，赶紧将自己想要的东西拿在手中，很快我们想要的东西就会被别人抢走。在职场中，我们要寻找适合自己的、可以和自己互补的搭档，建立良好的合作关系，只有这样才能各取所需，实现双赢。

陈森森毕业之后，进入一家软件开发公司。由于个人能力突出，一年之后，他被提拔为研发小组组长。这对年轻的他是一个鼓励。然而，小小的成功助长了他的骄傲之心，他开始喜欢独自一人工作。

这一次，他们研发小组接到了一个新的任务。他一个人关起门来绞尽脑汁地去做，但是没能成功。等他意识到要自己的小组成员帮忙的时候，领导要求的期限已经快要到了。结果他没能按时完成任务。经过这次的教训之后，他意识到单靠自己的力量是完不成繁重的工作任务的，必须与同事合作。

第五章 不要孤军奋战，"独行侠"很危险

从那以后，他开始留心观察自己小组内的成员，那些年长的成员，虽然在计算机应用能力上不是很强，但是有着丰富的研发经验。而那些和自己一样年轻的人却有着活跃的思维和较高创新能力。陈森森意识到，如果把他们的特点结合起来，或者是根据工作任务的不同，安排合适的人来进行研发活动一定可以收到良好的效果。

在后来的工作中，陈森森每次接到任务的时候，都会拿出来与大家共同商讨，让每个人都提出自己的看法。然后由他进行总结。再按照最终的结论分派每个人任务。在整个小组的共同努力下，他们小组在一年内完成了最多的研发任务。陈森森这个组长因此受到上司的表扬，整个小组的成员都得到了奖励。

一位哲人曾经说："你手上有一个苹果，我手上也有一个苹果，两个苹果交换后每个人还是一个苹果；如果你有一种能力，我也有一种能力，两种能力交换后就不再是一种能力了。"这就是合作的力量。我们每个人的能力都是有限的，而很多事情都不是我们一个人的能力可以完成的。因而即使我们在某一方面的能力非常优秀，也不能完成所有的任务。然而只要是我们找到另外拥有完成这件事情所需要的能力的人，然后与他合作，就可以非常轻松而又出色地完成这件事情。

面对同样一事，两个能力强的人谁都不能单独完成。而只要两个人合作就可以很快完成。那我们又何必要一个人去做呢？天堂与地狱的故事就可以说明问题。在天堂和地狱同样放着一口煮着肉的锅。然而天堂和地狱里的人却有着天壤之别。天堂里的人个个红光满面，而地狱里的人则面黄肌瘦。原来他们每个人手里的勺子柄都很长，不能伸到自己的嘴里。天堂里的人就把勺子伸到自己对面的人嘴里，互相喂对方；而地狱里的人则是想尽办法往自己的嘴里送。面对恶劣的生存环境，相互合作则有生存的希望，单枪匹马则会死无葬身之地。

在职场竞争如此激烈的今天，我们每个人的生存都是与其他人息息相关的，是选择共同生存，还是自生自灭，取决于我们是否愿意与人合作。

学会价值分享

职场中，每个人的作用都是非常大的，千万不要固执地以为自己的工作决定了整体的成败，而忽略了他人所做出的努力。当价值和荣耀产生的时候，我们要学会与他人分享，只有这样，我们才能赢得他人的拥护。如果我们不懂得分享，我们必将会陷入众叛亲离的境况中。到了那个时候，依靠我们个人的力量，就再也难以创造出价值。终有一天，我们会因此而被驱逐出去。

身在职场，每个人都希望自己的付出能够有所回报，而公司的发展本就是众人合作的结果。因而每一个员工都是有权利分享所创造的价值成果的。如果公司的领导者固执地削减员工的所得，或者干脆无视员工的付出。那么员工就不会再为公司谋福利，公司必然不能再从员工的身上得到利益。将来公司受到损失的时候，领导者只能自尝苦果。相反，如果公司懂得价值分享，那么员工在得到回报之后，会将更多的热情投入工作中去，为公司创造更多的价值。从长远来看，公司所收获的利益将是无穷无尽的。

有一家生产日用品的公司在最近的几年里迅速崛起，发展势头很猛，利润更是以每年10%到15%的速度增长。于是有媒体专门就这件事情采访了该公司的老总，探询这家公司发展的秘诀。

原来，这家公司在建立之初就建立了"利润分享制度"，也就是说，

第五章 不要孤军奋战，"独行侠"很危险

公司会从每年的利润中抽出一部分，按照一定的比例，分给每一位员工。这样一来，全公司上下的每一个人都可以说是公司的股东。公司的利润多少和自己的收益挂上了钩，公司赚得越多，每一个员工也就赚得越多。于是员工们纷纷努力工作，把公司当成自己的事业来发展。在共同目标——增加公司利润的指引下，所有员工奋勇争先，积极生产，提高产量与质量。在大家的共同努力之下，公司蒸蒸日上。

每个人都希望自己的付出得到回报，而价值分享是对员工的付出的最好的认可和尊重。员工的利益与公司的利益息息相关，公司的领导者不能把员工当成创造价值的机器，在员工为公司创造价值的同时，要与员工分享这部分价值，这样才能使员工众志成城，共同为公司的发展出谋划策。

在职场中，无论我们处在什么样的位置上都要学会价值分享。前面已经讲过，现代职场中的很多工作都不是一个人可以完成的，众人的通力合作是完成工作的保证，因此，价值的创造也是众人齐心协力的结果。所以，在工作完成之后，我们决不可独自享受价值。无论我们个人能力有多么突出，在工作的过程中起了多大的作用，都不能否定合作人的作用。即使我们个人独自承担了百分之九十九的工作，还是有百分之一的工作需要他人来完成。如果没有那百分之一的辅助，我们百分之九十九的工作也是毫无作用的。这就像烧开水一样，我们用尽全力烧到了九十九度，已经非常接近沸点了，但是如果没有他人最后帮助，我们还是没能烧开水。我们之前的所有努力都是无用的。

个人在职场中的发展永远也离不开上司的提携、下属的支持和同事的帮助。我们个人所取得的成功实际上是整个团队的成功，因此，我们必须要与他人一起分享成功。当我们固执地将所有的功劳都据为己有的时候，就会发现，那些曾经支持和帮助过我们的人脸上都会露出不悦的神色。

查尔德是一家报社的编辑，同时还兼任这家报社下属的一本杂志的主编。才华横溢的查尔德在自己的岗位上做出了卓越的成绩，同时，八面玲珑的他在单位中与其他同事的关系非常好，这也促使他的职场生涯发展得非常顺利。

有一次，查尔德所主编的这份杂志获得了一项国际大赛的一等奖，这个荣誉让查尔德兴奋不已。在别人纷纷向他表示祝贺的时候，他滔滔不绝地向别人讲述着自己的勤奋与努力。

然而，时间不久，查尔德就发现了不好的现象。单位里那些曾经和他一起奋战的同事们纷纷对他敬而远之，就连一直对他赞赏有加的上司也刻意地回避他。这让查尔德困惑不已。查尔德的工作越来越不顺利，这种压抑的工作环境简直让他受不了了。

后来，经过他人的指点，查尔德终于意识到了自己的错误：杂志获奖之后，查尔德将所有的功劳都归到自己身上，对于同事和上司所付出的努力只字未提。这深深地伤害了曾经为这份杂志付出过努力的同事和对这份杂志给予过大力支持的上司。查尔德主动站了出来向全体同人们道了歉。查尔德的这一举动果然挽回了人心。

当我们因工作出色而获得荣誉或奖励的时候，一定不要认为这一切都是自己努力的结果，因而忽略那些曾经站在自己身后支持和帮助自己的人。职场就像是战场，如果没有上级的正确指挥，没有战友的帮助，我们是不可能荣立战功的。如果我们在取得成绩之后，忘记了其他人，那么在我们获得荣耀的同时，也失去了人心。我们的职场生涯也会因此而发生重大转变。

让自己融入集体

个人与集体的关系是相互依存的，集体的发展要靠个人的努力，个人的努力也只有在集体中才能发挥作用，因此，无论在什么时候，什么地方，我们都要融入集体。尤其是在工作的时候，我们一定要把自己融入公司中来。任何一家公司都是讲究协作精神的，一个不能融入集体的人，他的一系列行为必然会引起公司内部人员的不满，这样的人会导致其他人无法安心工作。即使这个人能力突出，但是他一个人总是比不过其他所有的人，权衡利弊之下，公司必然会将这样的人开除。

我们想要在职场中发展得顺利，不仅要具有突出能力，还要有良好的人际关系。如果我们不能融入公司中，经常与上司、同事乃至下属发生冲突，那么即使我们拥有再强的能力，也难以发挥出来，同时我们还会遭到他们的排挤和打击。比如说，公司中的中层管理人员，他所有的决策都要由下属来执行，如果他过于狂妄自大，不把下属放在眼里，那么下属就不会很好地执行他的命令，即使他有再强的领导能力，也难以施展。如果同时他还与上司之间矛盾重重，那么即使他能做出贡献，上司也不会称赞他。这样的人又怎么可能在职场中发展得很好呢？

苹果公司的创始人史蒂夫·乔布斯22岁时创业，仅仅用了4年时间，就把苹果公司打造成了一个市值高达20亿美元的大企业。当时的他被许多媒体称为创业奇才。然而接下来发生的一件事情让所有的人都始料未及：他被赶出了苹果公司。

年轻的乔布斯脾气火暴，在公司的管理上也是如此。在苹果公司，他就像是一个高高在上的国王，目空一切，不把任何一个员工放在眼里。他这种桀骜不驯的作风使得所有的员工都像躲避瘟神一样躲避他。

嚣张跋扈的乔布斯让全公司的人怨声载道。就连他亲自聘请的经理人斯卡利也忍无可忍。再加上两人在公司的发展方向上看法不同，导致两人的矛盾逐渐加剧。而一向高高在上的乔布斯自然是不把这个下属放在眼里，最终，斯卡利公然宣称："苹果公司如果有乔布斯在，我就无法完成任务。"

苹果公司内部已经到了分裂的地步，势成水火的二人必定要有一人离开。公司董事会经过慎重考虑，决定站在斯卡利这一边。他们认为，斯卡利善于团结员工，这对于苹果公司目前的情况来说是非常有利的。年仅30岁的乔布斯被解除了一切实权，再也不能过问苹果公司的经营状况，仅仅保留了董事长虚职。

被踢出局的乔布斯痛苦不堪，在这次重大打击之后，他清楚地意识到了自己错误。当他再次管理苹果公司的时候，他完全变了一个人。由当年那个人见人怕的瘟神变成了一个容易亲近的人。这种改变促使他比以前更加成功。

公司需要的不仅仅是有能力的人，还需要的是一个能够团结员工的人。公司是一个组织，一个组织就有自己的文化和信仰，它需要所有的成员都能认同公司的文化，认同公司的组织机构，并且能够在自己所处的位置上发挥自身的才能。一个远离组织的人或者是凌驾于组织之上的人是不可能促进组织向前发展的。只有真正融入集体，才能对集体有归属感，这种归属感会促使我们为公司的发展着想。

公司的发展不是靠一个人就可以完成的，因此公司才会招聘那

第五章 不要孤军奋战，"独行侠"很危险

么多的员工。然而，如果公司内部的员工不能融入公司这个集体中来、钩心斗角、尔虞我诈、互相倾轧，甚至老死不相往来，那么招聘这么多人进来就失去了本来的意义，也违背了公司发展的初衷。因此，公司更加注重的是整个组织机构的力量，而不是其中某个人的力量。当所有的员工都融入公司的时候，所发挥出来的力量是惊人的。

松下幸之助访问美国的时候，一名记者刻薄地问道："美国人和日本人，您觉得谁更优秀？"松下幸之助毫不犹豫地说："美国人确实很优秀，假如一个日本人和一个美国人比试的话，日本人绝对不如美国人。"在场的所有美国人听了他的回答之后都很高兴。

接着松下幸之助又说道："日本人注重的是集体的力量，他们可以为团体、国家牺牲一切。假如10个日本人和10个美国人比试，肯定是势均力敌，而100个日本人和100个美国人较量的话，我相信日本人将略胜一筹。"

松下幸之助的经营理念就是这样，他十分注重团队精神的培养，那些缺乏合作精神的员工，不管才能多大，一概被松下集团拒之门外。

我们进入职场就是为了施展自己的才华，实现自己的抱负，在职场中成就自己的人生。要想做到这些，就必须摒弃自己的成见，积极融入集体中，在与他人的合作和交往过程中展现自己的才华，为集体的发展贡献自己的力量。

帮助别人就是帮助自己

职场中存在着激烈的竞争，但是这种竞争并非是你死我活的拼斗，而是各人为了自身的发展而进行的良性竞争，竞争的结果是共同发展。因此，在职场中，我们不能存着将别人置之死地的心态，在别人有困难的时候，我们不应该袖手旁观、隔岸观火，而应该主动去帮助别人，帮助别人渡过难关。事实上，无论在哪，帮助别人的人总是会有好的回报。"得道者多助，失道者寡助"。

帮助别人就是帮助自己。人脉关系在职场发展中起着重要的作用，建立良好的人际关系最好的办法就是帮助别人。任何礼尚往来起到的作用都比不上一次雪中送炭起到的作用大。当别人在工作中遇到困难而彷徨无助的时候，我们主动去帮助他们，一定会在他们的心里留下深刻的印象。良好的人际关系也就此建立。当我们采用这样的方式对待所有的同事的时候，我们就能避免职场中的恶性竞争。在职场中难免会有一些心胸狭窄的人，为了自己的利益而去伤害同事的利益。但是如果我们能够在这些人困难的时候给予无私的帮助，相信在良性的竞争环境中，我们的职场发展就会相对顺利。

盲人点灯的故事告诉我们，帮助别人的同时也是在帮助自己。每个人都会遇到困难，如果我们想要在遇到困难的时候有人帮助我们，那么我们就必须在别人遇到困难的时候给予帮助，这是一个相互的过程。竭尽全力去帮助别人是每个职场人都应该主动去做的，等到你需要帮助的时候，就会得到同事投桃报李的友好援助。

第五章 不要孤军奋战，"独行侠"很危险

101

下午的时候主管让孟勇拟定一份业务报告书，并且要求在下班的时候交到办公室去。孟勇足足花了两个小时的时间才完成了这项工作。报告写完之后，孟勇就去忙其他的事情了。等他回来的时候发现放在桌子上的报告书不见了，这一下把他急坏了。离下班只有一个小时的时间了，就是重新写一份也来不及了。他到处去找，就是找不到。后来有一个同事告诉他。他走了之后，那份报告掉在了地上，搞卫生的阿姨以为是垃圾就捡走了。孟勇听了这话，顿时蔫了。就在他抓耳挠腮的时候，坐在他对面的张坤走了过来，对他说："反正是找不到了，你赶紧重新再弄一份啊！"孟勇说："现在再弄已经来不及了。"张坤说："我来帮你弄，咱们两个一起做起码会快一点。"在张坤的帮助下，孟勇终于赶在下班前将业务报告重新弄好。孟勇对张坤的相助非常感激。

后来有一次，张坤在工作的时候，把一份重要的文件给删除了。这份文件里有很多客户的资料。如果真的找不回来，只怕自己的这份工作也保不住。张坤心急如焚，不知道怎么办才好。他向周围的同事求助，但是不知道同事们是真的不懂，还是故意不想帮助他，反正没有一个人可以帮助他。正好这个时候孟勇从外面回来，他看到张坤无精打采的样子，就问发生了什么事情。孟勇是一个电脑方面的行家，听了他的话之后，立刻帮他重新找回了已经删除的文件。

在工作中，我们每个人都难免会遇到需要别人帮助的时候，如果我们在别人需要帮助的时候置之不理，又怎么奢望别人会在自己遇到困难的时候伸出援助之手呢？同事之间存在竞争，但是竞争的方式应该是正当的。如果我们眼睁睁地看着自己的同事困于困境之中，他们甚至可能因此而不能完成工作，那么我们的人品就有问题了。真正的竞争是能力的竞争，而不是心眼的竞争，这种钩心斗角最后带来的往往会是两败俱伤。

现代职场上的工作大多都不是一个人可以完成的，每项工作的开展我们都要和其他同事配合默契，这样才能收到更好的效果。如果每一个职场人士都心存小心机，故意不配合，那么谁也不能做好工作。相反，如果我们乐于帮助同事，那么在默契的配合之下，每个人的工作都能做得非常好。与其两败俱伤，我们为何不选择双赢呢？

同事之间的互相帮助是最简单不过的事情，很多时候只是举手之劳，根本不会浪费我们的时间和精力。而这举手之劳为我们的职场发展所带来的益处却是无穷大的。即使我们的付出没有得到相应的回报，起码我们也在同一间办公室里赢得了同事的一致好评，这对我们的职场发展也是有好处的。

蛋糕做得越大，大家分得越多

拥有丰厚的薪水是每一个职场人士所期望的，因而所有的职场人士都在拼命努力工作，然而很多时候，我们往往忽略了最重要的一点，那就是我们的薪水高低不仅和自己工作的努力程度有关，还和整个公司的运营状况有关。若公司并没有多少盈利，即使我们为公司付出了巨大的努力，我们也依然拿不到很高的薪水。而公司的运营状况和全公司上下的员工都有很大的关系，也就是说，只有全公司的人团结一心，为公司的发展而努力，我们的努力才不会白费，我们才能拿到丰厚的薪水。

公司给每个员工发薪水都是按照一定的比例来的。比如说这家公司的月收入是 100 万，那么公司可能会拿出其中的百分之二十，也就是 20 万用来支付员工的工资。假设公司有 40 个人，而每个人的工资水平

是一样的话，那么员工的月工资就是 5000 元。想在这家公司拿到更高的工资，唯一的办法就是使这家公司的月收入提高，只有在提升利润的前提下，我们的工资才会有所提高。这里讲的就是一个分配问题，蛋糕做得越大，我们能够分到的也就最多。

因此，职场中就出现了这样一批人，他们为公司谋取了很多的利益，但是他们所得到的报酬却不能和自己的付出成正比。这并不是公司在剥削，而是因为他们只关注自己所创造的那部分价值，却忽略了其他员工所创造的价值。公司是一个整体，它所制定的工资水平是和整体的利润相一致的，而不会因为某一个人所创造的价值高而提高这个人的工资水平。这就是说，在职场中，我们不仅自己要为公司多创造利润，还要帮助自己的同事为公司创造更多的利润。

有些公司里的竞争导致员工内部不和，钩心斗角使得员工的工作效率低下，工作价值降低。这是工资水平上不去的主要原因。公司在发展过程中，一个公司内部不和对公司的发展有深远的影响，因此公司在发展过程中都非常注重员工的团队合作意识。

试想一下，如果我们在一个内部员工整天把精力都放在尔虞我诈上的公司里工作，即使我们成功地走上了高位，成了公司的主管，又有什么意义呢？这样的公司难以创造利润，在这样一批员工的运作下，公司朝不保夕。

优秀的企业之所以能够越做越大，越做越强，企业员工的收入越来越高，就是因为他们强调团队精神与合作意识。员工们也清楚自己收入和公司的发展有密切关系，因此，他们在一起工作的目的就是为了让公司拥有一个美好的明天。

但是这并不意味在这些公司里并不存在竞争，而是说他们的竞争是良性竞争。越是这样的大公司越是注重竞争。没有竞争，员工就会失去动力，这比恶性竞争带来的危害更大。因此这些公司也同样会引入竞争机制，但是他们的竞争是良性竞争，竞争的结果是公司发展。是全体员工与公司共同进步。

　　个人的利益与企业的利益在根本上是一致的，因此我们在参与公司竞争的时候，一定要注意不能损害公司的利益。只有全体员工既竞争又合作，公司的发展才能更快。公司的"蛋糕"越做越大，所有员工的利益越有保障。

第五章　不要孤军奋战，"独行侠"很危险

第六章
要知道，抱怨是始终无法解决问题的

工作有没有前途取决于你的态度

很多没能成功的人总是抱怨自己选错了行业，他们总是会说："如果当初我做……行业，现在就……"事实上从事什么样的行业并不能决定一个人是否能够取得成功，真正决定一个人前途的是一个人对待工作的态度。世上没有始终红火的产业，也没有始终起不来的产业。即使是那些最赚钱的行业，也是有很多人亏损；即使是那些最让人看不上眼的行业，也有佼佼者存在。

世上很多成功的企业家大多是从基层做起，一开始的时候，他们也从事着最不起眼的工作，然而他们在做这些工作的时候并没有瞧不上这些工作，而是认真地对待自己的工作。因此，他们在自己平凡的工作岗位上做出了不平凡的成绩。在工作的过程中积累的重要经验，为他们以后的创业打下了基础。无论是从事什么样的行业，我们只要积极对待，一样可以做出成绩。

骄阳似火的夏天，一个建筑工地上有 3 个人在干活，在太阳的炙烤下，他们挥汗如雨。

这 3 个工人做着一样的工作，但是表情却完全不一样。一个人眉头紧锁，并且不住咒骂；一个面无表情，机械地工作；另外一个则哼着小曲，笑眯眯地在做事。

有人上前问了他们 3 个人同一个问题：你在做什么？第一个人没好气地说："我在砌墙。"第二个人头也不抬地说："我在盖房子。"第三个人喜洋洋地说："我在为人们建造漂亮的家园。"

面对同样的一份工作，三个人表现出了不同的态度，也决定了他们的前途。十年以后，第一个人还是一名建筑工人，还在继续咒骂着；第二个人成了建筑队的小队长；第三个人则成了一个小有名气的建筑商。

我们在抱怨自己目前的工作不好的时候，不妨想一想自己是怎样对待现在的工作，我们在这个行业里没能做出成绩，真的是自己不适合这个行业吗？真的是因为这个行业本身没有发展前途吗？如果我们能够仔细地考虑，我们会发现并非如此。只因为我们从一开始就没有以积极的态度对待自己的工作，因而在工作的过程中，我们总是抱怨工资太低，工作太辛苦，以至于养成了一种抱怨的习惯。最终未能做出成绩。

有的时候我们的确不适合某种行业，但是我们在最初选择行业的时候一般都是选择自己感兴趣的行业。基本上是不会出现不适合的情况的。所以，真正的原因还是我们对待工作的态度。也许是因为我们的薪水太低，也许是因为工作太苦，我们对这份工作产生了厌倦感，因此消极怠工，不肯付出，最终导致一事无成。

行业提供给我们的只是发展方向，真正决定我们前途的是自己的态度。世上没有不能成功的，只要我们在我们所从事的行业中付出了努力。

华人富翁李嘉诚初中没有读完就出来做工。一开始的时候他在一家茶楼做伙计。后来他来到钟表店做学徒，再后来在塑胶厂做推销员，最终开创了自己的事业。他之所以能够成功，就是因为他认真地对待每一份工作。

李嘉诚中学没有读完就出来工作，他深知自己的不足。因此无论做什么工作都加倍努力。李嘉诚进入塑胶厂做推销员的时候还不到20岁。当时塑胶厂有7名推销员，数李嘉诚最年轻，资历最浅。另几位是历次招聘中的佼佼者，经验丰富，已有固定的客户。

但是李嘉诚没有放弃，他是一个不服输的人，他相信只要自己努力了，就一定可以做好。他给自己定下目标：3个月内，干得和别的推销员一样出色；半年后，超过他们。

凭借着这股劲儿，李嘉诚在进入塑胶厂后，仅一年工夫，就实现了他的预定目标。他超越了另外6个推销员，那些经验丰富的老手也难以望其项背。老板拿出财务的统计结果，连李嘉诚自己都大吃一惊——他的销售额是第二名的7倍！全公司的人，都在谈论推销奇才李嘉诚，说他"后生可畏"。18岁的李嘉诚被提拔为部门经理，统管产品销售。两年后，他又晋升为总经理，全盘负责日常事务。

创办自己的塑胶厂之后，他依然保持着这种工作作风。身为厂长的他依然每天坚持工作16个小时。一天到晚，马不停蹄地奔波。正是靠着自己的努力，长江塑胶厂占据了香港市场，并且开拓了海外市场。

很多职场人士频繁地更换自己的工作，尤其是刚刚步入职场的人，由一个行业跳到另一个行业。他们宣称自己是在寻找一个适合自己的行业。事实上根本就不是，他们要寻找的是一个报酬高而工作清闲的行业。然而，世上是没有那样的行业存在的。所以即使他们更换了所有的行业也难以有所成就。若是不能幡然醒悟，他们的一生就只能碌碌无为。

我们必须要改变自己的态度，无论我们从事什么样的行业，都不要受到行业的影响，端正自己的态度，积极投身到现在的岗位上来。终有一天，我们能够在这个行业里做出成绩。

是金子到哪里都会发光

很多在职场中不得志的人总是会抱怨自己的老板"不识货"，放着自己这么一个良才不用，感叹生不逢时，没有伯乐来欣赏自己这匹千里马。然而从公司的角度来看，这种情况发生的可能性小之又小。我们都知道老板创建公司是为了盈利，既然我们是人才，能够为他们创造利润，他们又岂会弃之不用。因此，唯一的解释就是并不是老板"不识货"，而是自己本身并不是"真金"。

都说"是金子到哪里都会发光"，虽然有点夸大其词，但是却有一定的道理。若是我们没能进入公司，老板不能慧眼识英才是可能的。但是我们已经进入了公司，经过了公司的考察，还是不能受到重视，原因就只能出在自己身上了。最合理的解释就是自己高估了自己的能力。职场人士高估了自己的能力，就会觉得自己没能受到应有的重视。

因此，在抱怨老板之前，我们先要客观地审核一下自己是否真的是"真金"，有的时候，我们只是被自己表面上的那层"镀金"所迷惑，事实上自己并不是"纯金"的。现代职场招聘的时候，首先看的就是一个人的学历，只要是学历和各种技能证书符合公司的要求，一般情况下就会被招进公司。求职者也会因为这些学历之类的证书而高估自己的能力。进入公司以后，个人的表现能力成了公司重点考察的对象，而那些曾经带给我们光环的证书已经不再实用。如果我们还因自己的高学历认为自己是块"真金"的话，自然就会产生心理落差。

因此，我们在自我评价的时候，不要把自己的学历作为标准，而是要以自己在公司的表现作为标准，即我们是否真正地适应了自己的岗

位，是否在自己的岗位上兢兢业业，是否在自己的岗位上做出了成绩。

　　杨艳本来是一家公司的主管，工作清闲，待遇丰厚。但是她不甘心一生为人打工，因此决定自己投资。谁知投资失败，她不得不再次成为求职大军中的一员。然而，在求职初期，杨艳一直在跳槽中度过。

　　原来，杨艳认为以自己的能力完全可以找一份相当不错的工作，不说待遇比原来公司的好，最起码也要和原来公司的相当。但是她找到的工作与她的期望值相差很远。不但没有以前单位工作清闲，工资也低了很多。杨艳对老板的"有眼无珠"深感不满，于是跳槽到另外一家公司，谁知情况还是一样。在整整一年的时间里，她来回换了七八个工作。在这一年里她一直在"怀才不遇"的痛苦里挣扎。

　　失望至极的杨艳停止了找工作，她开始反思自己，看看究竟是哪里出了问题。后来她终于想明白了。虽然自己有着很深的资历，但是刚刚进入公司，并没有为公司做出太大的贡献，老板也不可能从自己的表现中看到自己的能力。因此，待遇不好也是正常的，只要自己做出了成绩，一定会有好的待遇。想通了的杨艳重整旗鼓，再次加入求职者的队伍。

　　这一次，她没有瞄向主管的职位，而是应聘了一家公司的业务员。这家公司的规模并不大，因此，当老板看到她的简历的时候非常惊讶。老板生怕自己的"小庙"装不下这个"大和尚"，于是开诚布公地对杨艳说："以你的能力，完全可以……"杨艳明白老板的意思，她打断了老板的话头说："您放心，我是不会随便撂挑子的。"

　　就这样，杨艳成了这家公司的一名业务员。在这家公司里，杨艳充分展现出了她的才华，她努力工作，为公司带来了巨大的利益。老板对于杨艳的感激之情溢于言表。工作没有半年的时间，杨艳就成了这家公司的业务部经理，薪水也远远超过了原来的工作。

人都是有急功近利的心态的，尤其是那些刚刚步入职场的年轻人，他们总是希望在一开始的时候老板就能重视自己，委以重任。在他们的身上明显还有天之骄子的气息。但是老板不会在意你的身份，他们关注的只是你为公司带来了多大的收益。而刚刚入职，没有任何工作经验的人，很难在短时间内有良好的表现，于是这部分人就会产生怀才不遇的心理。因此本着"天生我材必有用"的原则，他们在职场中上演着频繁跳槽的闹剧。

"真金不怕火炼"，既然我们坚持认为自己是块真金，又何妨多历练一段时间呢？摆脱光环的笼罩，接受职场中的考验，给予老板更长的时间来发现我们的价值，这岂不是更好的办法？

能力有多大公司就有多大

职场中经常充斥着"这家公司太小，我根本学不到东西，看来是没什么发展空间了""老板真土气，看样子是无法带领我们致富了""这个公司的管理简直一团糟，想当年我在某某跨国集团的时候……"一类抱怨的话，这些人把自己职业发展不好的原因归结于公司的大小，认为是公司的规模限制了自己的才能发挥，影响了自己的前途。然而他们却没有意识到自己在这样的小公司里都不能做出成绩，不能得到上司的重用，到了大公司就更加难以做出成绩，更加难以有所发展。

决定我们职场前途的是我们的能力。在抱怨公司太小的时候，我们是否应该先衡量一下自身的能力。公司给我们提供的只是一个发展平台，小公司的平台很小，大公司的平台很大，发展空间的确是不一样，但是一个在小平台上都不能有所作为的人，放到大平台上更加不会有什

么发展。

人人都希望到微软那样待遇好，发展空间大的大公司去工作，但是微软并不是慈善机构，什么样的闲人都养，想要享受微软的待遇，首先就要保证自己能够为微软创造利润。个人的职业发展是一个循序渐进的过程。谁也不可能一蹴而就。那么什么样的人才能进微软呢？是那些在小公司里已经走在了最前端，小公司已经不能给他们提供更大的发展空间的人，他们才有资格进入微软寻求更大的发展空间。我们在抱怨公司太小的时候，不妨扪心自问，自己真的具备向大公司进发的能力了吗？

程志重点大学毕业之后，一心想要进入大公司工作，但是没有工作经验的他一次又一次地被大公司拒之门外。无奈之下，他只得退而求其次，进入了一家小公司。在这家小公司里，程志是学历最高的一个，因此老板对他很重视，刚工作就让他做了一个主管。

但是程志并不满足于此，他进大公司的梦想并没有破灭。在这家小公司里他一直不好好工作，天天等进大公司的机会。本来老板看他是一个可塑之才，给了他一个主管当，但是他在主管的位置上并没有做出任何成绩。老板对他越来越不满意。终于有一天，老板决定免了他的主管职位。这一下让程志更加不高兴了。本来他就觉得自己在这样的小公司里很委屈，现在连主管的位置也没有了，他更加不干了。于是整天在办公室里抱怨。老板本以为将他降至基层，他会有所收敛。但是没想到他变本加厉，不仅自己不好好工作，还整天胡说八道，影响其他员工的工作。

这一天老板把他叫到办公室里跟他谈这个问题。老板还没开口，他就炸开了锅，冲着老板喊道："就你这破公司，以为谁愿意待似的，我早就不想干了。"老板也大为恼怒："你辞职好了，养着你这样一个闲人，也是浪费粮食。"就这样，程志离开了这家公司。

程志又一次开始往大公司里投简历。他的简历上的工作经验帮助他成功地进入了一家大企业。但是他不得不从最基层做起。踌躇满志的程志并不在乎这些，他认为凭借自己的能力很快就可以脱颖而出。但是他在原来的公司并没有做过什么事情，他的工作经验几乎是零，因此，在公司的表现一般。半年的时间一过，程志老毛病再一次犯了，他又开始抱怨这家公司。这样的大公司可没有耐心，很快他就被辞退了。

职场人士不能好高骛远，工作要找适合自己的、与自己的能力相当的，而不应该片面地追求大公司。一个人的能力才是最重要的。小公司或许不能给我们提供丰厚的报酬，但是我们可以在工作的过程中积累经验、提高能力。只有通过小公司的历练，我们才能具备进入大公司的资格。

选择大公司还是小公司一定要根据自身的能力来确定，如果我们的能力不足，不妨在小公司里工作，在小公司里我们很快就会得到升迁，成为管理层的人。如果我们有很强的能力，确实已经具备了在大公司发展的能力，我们就可以去大公司寻找适合自己的发展之路了。总而言之，大公司和小公司各有利弊，我们一定要结合自身的能力和自己的职业生涯规划，审慎选择。

无论选择大公司还是小公司都要明白，想要在职场中有所发展，唯一的办法就是努力工作。抱怨只会成为我们职业发展的障碍。真正在职场上取得成功的人，他们绝不会抱怨公司、抱怨任何人，他们把全部的时间和精力都用在了工作上，用出色的工作成绩证明自己的价值，从而赢得职场上的胜利。

第六章 要知道，抱怨是始终无法解决问题的

与其抱怨公司的制度，不如改变自己的态度

出于对"自由"的追求，人们总是会对制度抱有怨言，尤其是职场人士，他们总是认为公司的制度限制了他们的自由，阻碍了他们才能的发挥。所以，很多员工总是对公司的制度表示不满，然而为了不被处罚、扣薪水，他们不得不勉强遵守公司的各种规章制度，但是抱怨总是不离口。

从员工的角度来看，他们自然希望没有制度约束自己，但是从公司的角度来说，制度是不可或缺的。制度是管理员工、维护公司正常运转的必要条件，"没有规矩，不成方圆"。没有制度作为约束，偌大的公司岂不是要乱了套。制度在表面上看似乎是限制了员工的自由、影响了员工的积极性和主动性，但是如果员工能够积极配合制度，而不是消极对抗，那么在良好制度的框架之内开展工作的效率要比随心所欲高得多。

公司的规章制度不仅是为了约束员工的行为，也是为了构建一个相对公平的工作和竞争环境。如果没有规章制度，公司就缺乏一个评价员工的基本标准；在毫无章法的条件下，难以给出每个员工具体的评价。所以，公司必须用制度来约束所有员工，在制度下表现好的员工自然是公司提拔的对象。任何员工违背了制度，都将受到严厉的处罚。

某公司为了开拓业务领域，决定成立一些新的部门，准备从基层中选拔一部分高素质的人才来担任新部门的领导。

该公司销售部门有一个叫任茜的女孩，其业务能力突出，是销售部

门的主力，所以她成了这次选拔的热门人选，公司打算让她负责新增的市场营销部门。但是经过长期的考察，公司决定弃之不用。

任茜是一个自我意识非常强的人，就是因为她的能力突出，所以她总是不愿意接受公司的制度约束，在她看来，业绩才是最重要的，自己业绩突出，完全可以不受约束。所以，她在平时工作中的行为与公司的制度格格不入，不接受团队安排，常常单独行动；经常不穿工作服；开会的时候听音乐……以前部门领导也曾经批评过她，但是她仗着自己有能力，软磨硬泡，就是不改掉这些毛病。

公司领导经过认真考量后认为，虽然她的个人能力突出，但是这种不遵守公司制度的行为多多少少会影响到其他员工。如果提拔这样一个不遵守公司制度的人，其他员工必然难以心服口服。公司最终决定另选他人。

整个公司是一个有机的整体，每个人的工作都是与其他人的工作息息相关的，所以，任何个人能力突出的员工都必须在公司的制度下工作才能取得良好的工作成绩。如果员工自认为自己的工作能力强，摆脱公司制度的约束，我行我素，那么即使他的工作效率很高，这种不协调的工作效率也未必能创造很多的价值。相反，一个工作能力突出的员工在公司制度的框架之内，充分发挥自己的才能，高效完成自己的工作，必然有益于公司整体利益的实现。

公司的制度就像是加在我们头上的紧箍咒，当我们想要摆脱它的时候，它就会让我们痛苦不堪。如果我们能够试着去接受它，按照它的要求去做，那么它就会引导我们更快地成长。孙悟空如果没有紧箍咒的约束，只怕难以到达西天，修成正果；员工如果没有公司制度的约束，必然也难以在职场中脱颖而出。

部分员工总是不愿意接受公司的制度约束，他们总是想象着"海阔凭鱼跃，天高任鸟飞"的场景。然而在职场中每个人都要遵守规则，才

能的发挥必须在一定的框架之内，任何脱离了制度的才能都是不被认可的。这就像演戏一样，公司需要你演黄世仁，你偏偏以一身杨白劳的装扮登台，即使你的演技很高，这台戏也是不成功的。

公司的制度并不苛刻，它只是为了协调员工行动、更好地完成公司计划。我们只是过于追求自由，才会觉得它是苛刻的。我们必须明白制度是客观存在的，任何抱怨都改变不了这个事实，如果我们想要改变，故而抵触制度的话，必然会被制度淘汰。所以，我们要做的就是适应制度、接受制度，在制度允许的范围内发挥自己的才能。只有这样，我们才会成为职场中的幸运儿。

每位将军都是从士兵做起的

那些职场中的高管们总是让处在基层的员工羡慕不已，几乎所有的人都梦想自己有一天能够爬到那个位置上，但是想想自己现在所处的位置，大多数的人都是一声长叹。其实高管的位置也并非是高不可攀，别忘了每位将军都是从士兵做起的，那些高管们也不是一开始就在那个位置上，他们也是通过自己的努力，一步步登上了那个位置。

当我们长久在梦想的美好与现实的失落中徘徊时，无休止的抱怨就会出现：抱怨公司不好、抱怨行业不好、抱怨领导没有眼光、抱怨自己时运不济，总而言之，我们把所有可以抱怨的因素都抱怨了一遍，唯独忽略了自己这个主观因素。于是我们破罐破摔，整日无所事事。其结果就是我们永远也坐不上高管的位置。

职场的提升和爬山是一样的，每一个人都是从山脚出发，不同的是，有的人一面向往高山，一面脚踏实地，一步步地向山顶进发；有的人一面向往高山，一面又因山高踟蹰不前。脚踏实地的人终有一日登上顶峰，踟蹰不前的人永远在山脚徘徊。古人说："临渊羡鱼，不如退而结网。"既然我们向往职场的顶峰，那就拿出实际行动，把全部的热情都投入到眼前的工作上来，通过自己的努力拼搏和坚持不懈改变自己的职场现状，成就自己的职场辉煌。

不要因为自己仍然是个普通的"士兵"而苦恼、抱怨，要知道将军都是从士兵做起的。他们能够通过努力坐上将军的位置，我们也一样可以。在我们每个人的体内都蕴藏着巨大的潜能，我们只要有意志和决心，就能把潜能充分挖掘出来，进而成就事业。如果我们因为自己的地位卑微而消极悲观，那么潜能就会被抑制。

江珊初中毕业就出来找工作了，由于学历低又没经验，她只能在一家公司做一名前台接待员。每天的工作任务就是接电话、做访客登记。这是一个没有前途的工作，在工作中学不到任何有用的东西，几乎看不到任何可以被提升的机会。历年以来，几乎没有一个人可以在这个岗位上干超过一年的时间。

江珊自然也明白这一点，但是她没有因此而混日子，而是认真地对待自己的工作，每天面带微笑地完成自己要做的工作。上班的第一天，她就把那个破烂不堪的登记簿换成了崭新的记事本，而且她把每一个部门的联系电话都熟记于心。

一次，几名客户前来公司洽谈业务，江珊在接待他们的时候发现他们对自己公司并不了解，于是她主动提出向客户介绍公司的请求。她将公司近几年的销售业绩、市场份额、运行情况很有条理地介绍了一遍。客户感到很惊讶，他们不明白一个前台接待人员怎么会对公司这么熟悉。

当客户经理出来与客户交谈的时候，客户对经理说："你们公司真的很了不起，一个前台接待员都能对公司的运营了如指掌。"事后总经

119

理不仅奖励了江珊，还准备在年底提拔她去行政部做助理，前途无量。

没有天生的将军，也没有天生的士兵，无论我们的起点有多么低，那都只代表现在，并不代表将来。命运掌握在自己的手中，只要我们相信自己能够成功并且为之付出努力，那么我们就一定可以成功。

上天眷顾的是那些行动的人，只有愿意付出努力的人才会成为职场中的王者。抱怨自己的起点太低，抱怨命运的不公平没有任何意义，时间和机遇都会在抱怨中悄然消逝。无论我们现在处在什么样的环境下，我们都应该具备积极的心态，乐观面对眼前的逆境，以认真的态度面对自己的工作，以负责的态度开展自己的工作，只有这样我们才有可能冲破逆境，走向成功。

"不想当将军的士兵不是好士兵"，但是只是去想是没有用的，只有去做，才能实现当将军的梦想。我们目前虽然是士兵，但是我们要相信自己将来一定是将军。成为将军的路虽然很长，但并非是遥不可及的，我们不能被它吓倒，要知道我们每前进一步，就离将军近了一步，即使我们最终难以成为将军，我们也不再仅仅是一个士兵了。

别怀有打工心态

打工心态出现在很多员工的身上，在这些人看来，工作只是一种谋生的手段，自己所工作的单位并不属于自己，没有必要为之拼命，于是在工作中出现了能不做就不做，能少做绝不多做的现象，在这种心态的影响下，这些人的工作始终毫无起色。

"我只是打工的"已经成了很多员工敷衍工作的借口，在这些员工看来，无论他们做了多少，做得多么出色都是在为老板作"嫁衣"，他们所得到的回报是不变的，于是他们在工作中失去了进取之心，"当一天和尚撞一天钟"，得过且过，缺乏责任心。只要能够拿到足额的薪水，对他们来说就算是功德圆满了。这样的人如何能够做出成绩，受到重视，在职场中获得成功呢。

我们是打工的，但是我们不能把自己看成是打工的。从表面上看，我们每天都是在为老板工作，为老板创造利润，但是在这个过程中，我们的才华得到了展示，我们的创造力被挖掘了，在不断的努力中，我们的价值得到越来越多的体现。所以，打工并非是为他人作"嫁衣"，而是为了开创自己的事业，实现自己的人生价值。

如果我们把自己划入打工者的行列，那么我们就会处处感觉自己受到了不公正的待遇，我们创造的利润和价值大多数被老板剥削，我们的辛勤努力换来的只是微薄的工资。在这种心态下，我们逐渐就会失去对工作的热情，失去主动性，那个时候工作对我们来说就是一种折磨，何谈在工作中获得成就感，在职场中获得提升？

在一家商场的数码产品专柜面前，一名销售人员正在和顾客谈话。

顾客："为什么我在网站上看到的价格是5500块，而你们这里的标价却是5900块呢？"

销售人员："我不知道，这是定好的价格。"

顾客："可不可以有优惠呢？"

销售人员："对不起，我们没有优惠活动，但是如果您购买电脑，我们可以赠送您一台打印机。"

顾客："我已经有打印机了，不需要。"

销售人员："如果您不要打印机的话，我们可以给您优惠200元钱。"

顾客："这也不行啊，无论怎么样，你们店里的价格也不应该比你

们在网上的标价高出那么多啊。"

销售人员："我说过了，我不知道，反正我们这里是没有优惠的。"

顾客："我要见你们经理。"

销售人员："不在。"

顾客："店长呢？"

销售人员："也不在。"

顾客有点激动："如果我把这件事情在网上宣传出去，你就不怕对你们产生影响吗？"

销售人员："那我管不着，我只是一个打工的。"

顾客愤然离去。

员工与公司有着不可分割的关系，公司为我们提供展示才华的舞台，为我们提供发展的空间，我们要为公司创造更多的利润才是。如果我们将自己当成打工者，那么就等于将自己与公司分割成两部分。公司和我们的关系就不再是相辅相成，而是剥削与被剥削的关系，那个时候，我们将会对公司失去责任心，只要完成了工作任务，公司给我们相应的酬劳就算了事，至于公司是否利益受损，甚至关门倒闭都不关我们的事。因为我们只是打工者，这一家公司不行了，我们可以去另一家公司打工。这样的想法是错的。

并非每一个人都可以自己做老板，做老板也并非是实现梦想和人生价值的唯一途径，给别人打工同样也能证明自己。我们的职场生涯不应该是一个平行向前的过程，而应该是一个垂直向前的过程。在这个过程中我们只有真正把工作当成是自己的事业来经营，才会摆脱打工心态，在公司中树立主人翁的心态，将自己的利益与公司的利益捆绑在一起，通过实现公司的价值来实现自己的价值。

怀有打工心态的人似乎不甘于给别人打工。然而事实上那只是他们为自己的懒惰、不负责任找的一种借口。他们整日信誓旦旦地说："如果我当了老板，会……"如果真的让他去当老板，他一样也做不好，因为他们没有良好的心态。要知道良好的工作态度是最重要的，无论是做什么，只有敬业的人才能在工作中做出成绩。

不要再抱怨自己的工作不如意，也不要再计较自己付出的多，而得到的少了，这些都不是最重要的，跟事业相比，这些都是微不足道的。我们要做的是去除打工心态，唤醒自己的主人翁精神，让自己从工作的奴隶变成工作的主人。只有这样，我们才会取得事业的成功。

无能的人才会抱怨同事

现代职场已经不再处于那个单枪匹马的时代了，同事之间的合作一方面大大提高了工作效率，另一方面也给那些在职场中郁郁不得志的人提供了一个新的抱怨对象。老板交代的工作没有按时完成，是因为同事笨手笨脚拖了后腿；年终绩效考核成绩不佳，是因为同事缠着逛街耽误了工作的时间；不受老板待见是因为同事在老板面前诋毁自己……总而言之，所有职场中的不顺利都是因为同事。

然而事实上真的一切都是同事的错吗？不能完成任务，难道自己一点责任都没有？如果自己真的有能力，即使一个人也有完成任务的可能；考核成绩太差难道不是因为自己太过自负没有认真对待？老板不待见，难道不是因为自己在工作上没有突出的成绩，甚至经常犯错误？虽然我们不能排除同事的影响，但是职场中大多数的不顺都是由自己造成的，我们只是习惯于推脱，习惯于抱怨，习惯于将责任全部归结到别人身上，所以，才会认为一切都是同事的错。这种掩耳盗铃、自欺欺人的做法更加凸显了我们的无能。

第六章 要知道，抱怨是始终无法解决问题的

当抱怨同事成为一种习惯的时候，我们就很难找到最佳的状态，很难认真地工作，因为在我们的心里总是会隐隐约约地觉得无论出了什么样的事情都是同事的错，跟自己没有关系，这种心理暗示会使得我们再也不会认真工作。如此恶性循环下去，我们将会在工作中犯下更多的错误。

李俊是公司的"元老级"员工了，他已经在这家公司工作5年了，但是他还是一个小小业务员。这一天公司颁布新的工资制度，取消原来的平均奖励制度，按照每个业务员的业绩发放奖金。凡是当月没有完成定额的员工，一律只发放最低生活保障。每季度公司都会对总业绩排名在最后的员工予以开除。

李俊看到之后，心里愤愤不平："这不就是冲我来的吗?"的确，李俊在公司5年了，却依然是一个业务员，原因就是他的业绩向来不高。很多新来的员工都比他强。但是李俊认为自己没有什么错，之所以自己的业绩差是因为自己是"元老级"的人，要负责对新员工进行培训，自己的时间都花在这上面了，哪里还有时间跑业务。于是他每次都抱怨新员工耽误了他的时间。

所谓"谎话重复千遍就是真理"，几年下来，李俊越来越认可自己的观点，把同事的进步归功于自己，把自己的毫无起色归咎于同事。他的工作业绩直线下滑，已经低到不能再低的地步了。

新规定执行一个季度之后，李俊成了第一个被淘汰的人。

只有没有能力的人才会把所有的过错都推到同事的身上去，无论从哪个方面来说，同事都不应该成为我们工作没有成效的抱怨对象，毕竟决定我们职业发展的中心因素是我们自己。抱怨同事对问题的解决毫无帮助，当抱怨传入同事的耳朵里的时候，我们还会成为众矢之的。当我们没有工作能力而又牢骚满腹的时候，我们必然会让上司厌烦，最终葬送自己的职场生涯。

抱怨的产生是理想与现实的差距造成的，那些自以为了不起的员工在遭受工作中的失败时，会形成巨大的心理落差，他们迫切需要一个宣泄口，于是他们就为自己的过错找替罪羊，这样沉重的心理包袱就推给了毫不知情的同事。他们以为这种自欺欺人的方式能够掩盖他们的无能，然而这却更加直白地显现出了他们的无能。

其实在工作中遇到困难和挫折是再正常不过的事情，我们既没有必要背上沉重的包袱，更没有必要将错误推给别人。只要我们依然斗志昂扬，暂时的挫折就不会成为我们职业发展的障碍。如果我们急于摆脱责任而去抱怨同事，那么我们将会永久失去前进的动力。

每个人的能力都是有限的，所以每个人都会犯错，我们不必刻意用抱怨来掩饰自己能力的不足。聪明的人会在错误中不断地提高自己的能力，减少自己犯错的机会，而愚笨的人则会在抱怨中丧失原有的一点能力，最终时时犯错。每一个在职场中拥有辉煌成就的人都经历过无数失败。在失败面前，他们没有自怨自艾，也没有抱怨他人，而是从失败中认识自己的不足，提高自己的能力，每一次失败带给他们的都是一次巨大的进步。

闭上抱怨的嘴，迈出实干的腿

西方有句谚语："与其诅咒黑暗，不如点亮蜡烛。"任何抱怨对解决问题都没有帮助，与其抱怨，不如想办法解决问题。如果不想让自己在抱怨中错失良机，不想让事情在抱怨中越来越糟，那就闭上抱怨的嘴，迈出实干的腿。

刘朝阳是一家汽车修理厂的修理工,从进厂的第一天,他就开始喋喋不休地抱怨。他会不停地向旁边的同事说:"修理这活太脏了,瞧瞧我这衣服,好像从来没有洗过。""天天都累死了,真羡慕人家天天坐办公室的人啊。""我简直讨厌死这份工作了。"他总是认为自己在受煎熬,在像奴隶一样卖苦力。因此,他每时每刻都窃视着师傅的眼神与行动,稍有空隙,他便偷懒耍滑,应付手中的工作。

转眼几年过去了,当时与刘朝阳一同进厂的3个工友,各自凭着精湛的手艺,或另谋高就,或被公司送进大学进修,唯独刘朝阳,仍旧在抱怨声中做他讨厌的修理工。

朱可夫元帅说过:"再解释鞋子也不会亮!"这明确告诉我们抱怨无益于事情的解决。尽管有些人的抱怨是有根据的,他们把工作中造成现状的不利因素分析得相当透彻,但是他们并没有根据这些因素逐一去解决问题,而是向周围所有的人一遍又一遍地倾诉。

抱怨让我们得到了一时的痛快,但是痛快过去之后,我们还是要面对现状。如果我们能把抱怨的时间花在工作上,那么现状就可以在最短的时间内改变,我们在工作中就会取得不可估量的成就,因为行动永远比抱怨有效。

在美国大都市保险公司的新员工大会上,董事长命令所有新员工起立,看看自己的座位下面有什么。结果,每位新员工都在自己的座位下发现了一张钞票。

看到大家一脸的迷惑,董事长继续说道:"这就是你们成为大都市一员的第一课:如果坐着不动,就永远别想赚钱!坐着空谈绝不是大都市的风格!我现在宣布,会议结束!你们马上行动,去寻找客户。"

任何企业都想拥有一位像老鹰那样低调、谦虚却总是能出色完成任务的员工，任何企业都不愿意拥有一位如鸭子一般，只会蹲坐着磨嘴皮子，却总也不知道付出行动的员工。要知道一分钟的行动带来的价值比一年的抱怨带来的价值都要大得多。

抱怨是自寻烦恼的做法，想要通过抱怨宣泄自己的不满和苦闷的人最终会得到更多的烦恼，因为抱怨永远不能解决烦恼的根源。当抱怨带给我们的一时的快感消失的时候，我们又不得不面对烦恼，而这种烦恼会在抱怨声中逐渐升级。比如，当我们因为薪水少而抱怨的时候，薪水还是不会增加，我们一次次地重新去面对薪水少这个事实，烦恼逐渐累积，越来越多。只有把抱怨化为行动的人，才能从根本上解决烦恼。如果我们把用在抱怨上的精力用在提高自己的工作成绩上，那么在我们工作取得成效的时候，薪水自然会增加，烦恼的根源也就会消除。

20世纪二三十年代，美国经济大萧条，各行各业普遍不景气。在多伦多有位年轻人，是一位画家，他家特别贫穷。这个画家非常擅长画木炭画，但受当时环境的限制，画得再好也卖不出去。

年轻人整天想着如何把自己的画卖出去。但是，人们连饭都吃不上，谁还会去买他的画呢？再说，他只不过是个无名小卒。

但是年轻人并没有抱怨自己的这种境遇，他明白，要想靠卖画来养家糊口，只能到富人那里去开拓市场。问题是他的身边没有富人，他根本就不认识有钱的人，又怎么接近他们呢？

对此他苦思冥想，绞劲脑汁，想出了一个绝妙的方法，并立即采取行动。他梳好头发，穿上最体面的衣服，来到了总裁的办公室，要求见面。果然不出所料，秘书拦住了他，告诉他事先如果没有约好，总裁是不见客的。

年轻人把画的保护纸揭开："真糟糕，我只是想拿这个给他瞧瞧。"秘书看了看这幅画，把它接了过去。她犹豫了一会儿后，说道："坐下吧，我一会儿回来。"秘书很快回来了，对他说："总裁想见你。"

127

当画家进去的时候，总裁正在欣赏那幅画。"你画得棒极了，"他说，"这幅画你打算卖多少钱？"年轻人长舒了一口气，告诉他要100美元，结果就这样成交了。要知道，当时的100美元，可是一笔巨款。

看着别人的田地里长着良好的小麦，自己不去播种反而抱怨土地没有长出庄稼是不是很可笑？但是在职场中总是有那么多聪明的人在犯这个愚蠢的错误。无论你有多大的才能，有多强的工作能力，如果不去做，同样也得不到回报。与其每天在幻想与现实之间自寻烦恼，抱怨没有机遇，不如从现在开始，立刻投入到工作中来，用自己的行动证明自己的才华与能力，实现自己的梦想。

没有卑微的工作，只有卑微的心理

工作本身并没有高低贵贱之分，每一份工作都有它的意义。能否做出成绩不在于你做什么工作，而在于你怎么对待这份工作。福布斯曾说过："做一个一流的卡车司机要比做一个不入流的总经理更光荣，更有满足感。"所以，没有卑微的工作，只有卑微的心理。

一些人总是会对那些社会地位较低，工作环境较差的工作持有抵触心理，他们认为这些工作本身就是卑微的工作，即使做得再好也不会有什么成就。于是在找工作的过程中，挑挑拣拣，高不成、低不就，最后闲在家里。是的，有些工作看起来并不是那么美好，但是那是由行业性质所决定的，这并不代表这份工作本身就没有意义，从事这份工作就不会有所成就。徐虎、李素丽等人不都是在平凡的岗位上做出了不平凡的成绩吗？话又说回来，即使是给你一份非常好的工作，如果你不认真去做，同样也没有任何意义，也不会取得成就。所以，决定一个人成就大小的最关键因素，并非是你从事什么工作，而是你怎样对待自己的工作。

现实生活中，人们将不同的工作分为金领、白领、蓝领、灰领等，这难脱自我标榜之嫌。工作就是工作，没有任何高低之分，只要我们能够在工作中实现自己的价值，那么这份工作对于我们来说就是有意义的。事实上，几乎每一个成功者都是从最平凡的工作做起的，他们在最平凡的岗位上做出了最不平凡的成绩。

美国通用电气公司的前任CEO杰克·韦尔奇是管理界叱咤风云的人物。他成功的秘诀只有7个字：做好平凡的工作。

韦尔奇的第一份工作是在一家小鞋店做售货员。看上去这份工作似乎没什么值得炫耀的，可是韦尔奇却认为能够与形形色色的人打交道是一件非常有趣的事。因此他工作得很愉快，总是不厌其烦地向每一位客人推荐鞋子，几乎没有客人走进鞋店会空手而归。这份工作让韦尔奇学到了一条很重要的生意经：一切为了做成买卖。

韦尔奇从售货员起步，从这份平凡的工作起步，一步一步走来，成了一位传奇人物——通用电气的掌门人。

一些职场人士总是会抱怨世上缺少伯乐，自己的绝世才华只能浪费在这样一份不起眼的工作上。是的，也许你真的是才华横溢，但是如果你不肯将自己的才华用在目前的工作上，谁又能发现你的才华呢？一个在基层都做不出成绩的人，如何能让人相信他有能力胜任更高的职位呢。

每一份工作都是我们职业发展的一个平台，只有在这个平台上做到最好，还有可能跃上更高的平台。如果我们总是眼睛瞄着最高的平台，而忽略了脚下正踏着的平台，那么我们永远都只能在现在的平台上原地

第六章 要知道，抱怨是始终无法解决问题的

踏步，甚至因为不在意而摔跤。

态度永远是最重要的，即使我们是一名清洁工，也要把工作看成是最神圣的，从而把全部的精力都用在清洁上，做那个最好的清洁工。所有正当合法的工作都是需要我们以积极的态度去面对的。当我们不再计较工作的时候，我们一定能够在工作中取得成就。

弗雷德是一名邮差，是美国众多邮差中很不起眼的一位。然而，就是这样一个从事着普普通通工作的人，在美国却家喻户晓，被很多企业的管理者奉为榜样。原因就在于弗雷德对待工作的态度。

曾经有个居民这样评价弗雷德的工作："他比我还关心我的邮件！"简简单单一句话，足以说明弗雷德对工作的热爱以及乐观积极的心态。

如果你看不起自己所从事的工作，那么你注定这一辈子都不会有多少成就。当你看不起自己的工作的时候，你就不会在自己的工作上下功夫；当你因自己所从事的职业而自惭形秽的时候，你就会拒绝自己的工作。这样一个人又如何能够取得成就，赢得人们的尊重呢？

在我们无法从事一份体面的工作的时候，积极地面对现在的工作吧，在现在的工作中投入全部的热情，做出最好的成绩，也许当我们在现在的工作中有所收获的时候，机遇也就悄然而至了。

第七章
虚心，方能长进

别自作聪明替上司做决定

上司与普通员工最大的区别就是他们的手中有决策权。上司身在管理层，他们要做的事情就是指挥员工做事。他们的话虽然说不是圣旨，但是员工要把它当作圣旨来执行。如果我们违抗他们的命令，或者在他们不知道的情况下，擅自修改他们的命令，那么我们可能会对公司造成损失。上司管理员工就必须树立自己的权威，如果每个员工都能自作主张，对他们的命令充耳不闻，那么他们还如何管理公司？因此，我们不要自作聪明替上司做决定。

　　李丽华在一家大型公司做秘书已经 6 年了，在这 6 年的时间里，她一直认真工作，做出了不错的成绩，深得老板的赏识。

　　这天早上，她刚刚走进办公室，就听到老板着急地对她说："上周我让你给宏大公司发的传真你发了吗？"

　　李丽华对老板说："那个传真我没发。"老板一愣，她接着解释说："当时我觉得那个传真欠妥当，就没有发。"老板接着问："那么上周我让你发给欧洲的那几封信，你发了没有？"李丽华回答："我都发了。我知道什么该发，什么不该发！"

　　老板面带诧异地看着李丽华，然后思考了一会就离开了办公室，没有对李丽华的行为做任何评价。过了一会儿，李丽华就接到了人力资源部的电话，她被解雇了。李丽华不明白为什么，于是找到老板。老板说："公司的事是你做主还是我做主？办公室里有一个老板就足够了！"

职场中有着严格的分工，该做什么不该做什么，我们都要心里有数，无论你和上司的关系多么密切，都不能做超出自己职权范围的事情。员工的职责就是遵照上司的指令，完成具体的工作，至于决策问题，员工是无权过问的。如果人人都能自作主张，还要上司干什么。当然员工对于上司的指令也不能完全照办，如果我们认为上司的命令有问题，那么我们可以先向上司请示，如果他们同意，我们再按照自己的想法去做。这样做，不仅能纠正上司的错误，还能给公司挽回损失。如果我们不加请示就擅作主张，那么即使你做的事情是对公司有利的，也难以得到上司的认同。

很多员工会认为自己是公司的一员，是有责任和义务为公司的发展考虑的，自己擅作主张的目的是为了公司好，因此就理直气壮地代替上司进行决策。其实，我们只是站在自己的角度思考问题。没错，身为公司的一员，的确有权利维护公司的利益，但是同时也要记住，为公司的发展着想，我们应该在自己的职能范围之内做好本职工作。从上司的角度来考虑，他们会认为你的这种越俎代庖的行为，已经严重侵犯了他的权力，将他视若无睹。本来决策问题是上司应该做的，即使决策失误，责任也由他承担。现在我们擅改他的命令，如果给公司造成了损失，上司还是难逃责任。因此，上司是不会因为我们的出发点是好的而原谅我们。

上司需要的是能够严格执行他们的命令的人，而不是时时纠正他们的错误的人，如果我们自作聪明擅自改变上司的命令，他们会认为这是我们对他们的不尊重。因此，我们一定不要替上司做决定，再小的事情，即使我们知道上司也会这么做，也一定要向他们请示，得到他们的批准再执行。上司会从更高层面把控全局，而员工往往做不到这点，因此，员工别自作聪明替上司做决定。

别倚老卖老

人们总是有被尊重的需求，因此，在职场中，许多人喜欢摆老资格，并且以此为资本对新进的同事指指点点，说三道四。尤其是那些在基层混迹了很多年却始终不能升上去的人，这成了他们获得尊重的唯一法门。殊不知，正是他们的这种倚老卖老，导致了他们始终停留在原处。在职场中，人际关系是非常重要的，倚老卖老是最容易伤害同事之间感情的。每个人都有被尊重的需求，当我们倚仗老资格对别人指指点点的时候，别人也有不被尊重的感觉，虽然他们嘴上不会说什么，但是心里肯定会不高兴。在新同事面前摆老资格，会让自己被孤立起来。工作能力很重要，但是对于领导阶层来说，沟通能力比协调组织能力更重要。如果一个人连同事关系都无法维护好，又怎么能作为领导来管理员工呢？谁又会提拔这样的人呢？

肖桐是一家公司的总经理秘书，他个人能力非常突出，有很好的文字功底和沟通能力，又懂得察言观色，所以很受总经理器重。

肖桐这个人一心想要晋升，因此对各级主管都非常尊重，说话的时候都会考虑再三，生怕自己说错话会带来不好的影响。

肖桐的表现果然赢得了各级主管的一致好评。当总经理助理的职位空下来的时候，肖桐接替这个职位几乎是不用商量的事，就等着拟定让他担任总经理助理的文件下来了，肖桐听到这一消息后心花怒放。

可是这件板上钉钉的事情还是出现了变故。原因就在于他对新同事的态度。肖桐是总经理面前的红人，别说是对新员工，即使是一些老员工他也不怎么尊重，不但对同事爱搭不理，说话的口气也是颐指气使的，不给人留一点儿面子。

这一天公司里招聘来了一批新的员工。他们正在和其他老员工兴高采烈地聊天。这时，肖桐走了过来，他对一名正在聊天的新员工说："你闲着没事干吗呢？公司招聘你们来不是闲聊天的。"那名新员工也不甘示弱说："我们是新来的，和老同事聊天，熟悉一下工作环境怎么了！"这下肖桐不干了，公司里从来没有人敢这样跟他说话，他大声喊道："你一新来的，狂什么啊！我一句话就可以把你辞掉。"于是两人你一言我一语地吵了起来。

这件事情过去之后，不知道为什么，提拔肖桐的文件一直都没有下来，他正打算去人力资源部问一问，没想到一纸调令送到了他的面前。他被调回了市场部的基层。

肖桐找到了总经理，他想知道自己为什么没有升职，反而被降了下来。总经理说："你和新同事吵架的事情，我已经知道了，从你的所作所为中，我可以看出你是一个不懂得团结同事的人，如果我把这么重要的职位交给你，恐怕以后我们公司就会人心离散。因此，你还是先到基层再历练一下吧！"

每个人都需要被尊重，即使是新来的员工，他们也是一样。虽然我们已经工作了很多年，已经有了多年的工作经验，但是我们没有资格去教训别人。对别人吆五喝六，指指点点只会让别人对自己反感，不会获得对方的尊重。相反，如果我们作为老员工能够对新来的员工予以充分的尊重，那么我们一定会换来他们的真心尊重。只有这样我们才能建立职场中良好的人际关系。

我们是老员工，但是老员工不是资本，我们没有必要因此而对新员工指指点点。很多老员工自认为自己能力突出，但是在单位里没有人愿意听他的，他们只能找新同事絮絮叨叨，对他们的工作指指点点，以此

第七章　虚心，方能长进

来彰显自己的能耐。新员工需要老员工指点，但是不需要老员工指指点点。身为老员工有责任对新员工的工作进行指导，但是要记住，指导不是监督，老员工没有资格对新员工的工作进行评价，也没有资格干涉新员工的工作。老员工对新员工的指导要建立在平等的地位上。这样，新同事对于我们的指导才会心存感激，而不是反感。

老员工与新员工在地位上是对等的，老员工不是新员工的上司，没有权力管束新员工，所以，千万不要在新同事的面前摆老资格。"长江后浪推前浪"，老员工也不一定比新人强，因此老员工更没有必要在工作上干涉他们。以平等的姿态对待新同事，给新同事留下一个好的印象，才不会被孤立起来，才能为自己赢得有利于职业发展的人际关系。

得意之时莫张扬

张扬似乎是人的一种天性，人们希望通过张扬的方式获得他人的关注和羡慕。尤其是在职场上春风得意的时候，有些人更是毫无顾忌地大肆宣扬自己。

古语说："木秀于林，风必摧之；堆出于岸，流必湍之；行高于人，众必非之。"在职场中我们一定不要锋芒毕露。身在职场的人都希望自己有一天能够出人头地。每个人都不认为自己比别人差，都认为自己比别人好，当众多的同事中有一个人出类拔萃的时候，其他人的心理就有可能会失衡，如果这个人太过张扬，其他人这种心理的不平衡就会演化成嫉妒。所以，在我们得意之时莫张扬。

嫉恨或许不会带来实质的伤害，但是会给我们工作的开展造成困扰。当嫉恨作用的时候，我们的人际关系就会变得淡漠，每个同事都会或多或少对我们产生一定的敌意。与同事关系不好，必然会影响我们与同事的合作，当合作不能发挥作用的时候，我们的工作效率必然会有所下降。所以，切记不要在得意之时太过张扬，低调行事才能在职场中一飞冲天。

晚清名臣曾国藩功高盖世、位极人臣，一生得享荣宠。他之所以有这么大的成就，主要得益于他的为人之道，他的藏锋理念使得他避过了无数来自四面八方的冷箭。

当湘军打败太平天国的时候，他坐拥半壁江山，不少将领都劝他自立门户，但是他没有这样做。他知道在这个时候，他已经成了很多人的眼中钉、肉中刺，很多人都巴不得他犯一个错误，然后揪住他的小辫子将他拖下台，即使是他的朋友、学生，在这个时候也是不甘屈居于他之下的。一旦他拥兵自立，立刻会成为众矢之的。

感觉到高处不胜寒的曾国藩开始主动掩藏自己的锋芒，将本属于自己的荣耀分摊到他人的身上，以转移人们的注意力。同治三年，湘军攻破天京，曾国藩在上奏朝廷的时候，将官文的名字放在了捷报的最前面，同时他还主动裁撤湘军。最终他的一系列举动使得他平安地度过了这个危难的关头。

低调行事是保护自己的最好方式，当我们在职场中春风得意之时，就已经将自己暴露于众目睽睽之下了，在别人羡慕的眼光里过日子确实有一种优越感，但是如果我们把这种优越感表现得十足，就会让部分同事的羡慕转化成嫉恨。当嫉恨发生作用的时候，我们就不再是羡慕的焦点了，而是成了被围攻的靶心。

一个爱炫耀自己成绩的人在职场中是不会有发展的。我们不是一个人在工作，而是在和同事一起工作，只有和同事保持相对较为平衡的关系时，同事才会乐于和我们合作、乐于帮助我们。当我们不断取得成

第七章　虚心，方能长进

137

绩、超越同事的时候，同事则会逐渐远离我们，因为他们不愿意被我们所超越。而炫耀正是让同事感觉我们超越他们的罪魁祸首。在同事面前炫耀自己的成绩会给同事造成无形的压力，这种无形的压力会促使我们被孤立，一旦我们被孤立就很难再做出成绩。

美国著名成功学家戴尔·卡耐基曾说过："一个能够从细微处体谅和善待他人的人，一定是一个与人为善的人，必定有很好的人缘关系，这种人缘关系就是他成功的基石。"良好的人际关系是职场发展的前提条件，没有良好的人际关系作为保障，即使我们才华横溢也难以有所作为。只有我们得意时不张扬，我们才能拥有良好的人际关系。当我们拥有良好的人际关系的时候，我们的才能才会充分展现出来。

居功自傲，是职场生存的大忌

历史上，很多才高八斗的人都未能飞黄腾达，原因就是他们恃才傲物，居功自傲，结果自己断送了自己的前程，甚至丢掉了自己的性命。在现代职场中也是一样，才华并不一定能够使我们事业有成，当才华与低调做人结合在一起的时候，才能推动我们的事业向前发展。

居功自傲是职场生存的大忌。我们无论在工作上做出了多大的成绩，都不应该居功自傲，毕竟在没有其他人配合的情况下，我们是不可能有这样的成绩的，居功自傲会使得我们目空一切、狂妄自大，当我们因功劳而自傲的时候，我们就已经开始失败了。

有一天，几个动物在森林里碰头了，它们争相夸耀自己的功劳。

狐狸嘲笑猪说："你这个蠢货，怎能及得上我的才干？"

猪说："你虽然聪明，但是不见得对世人有功。"

狐狸急忙说道："谁说我没有功劳？我的皮毛可以做衣服，怎么说没有功劳呢？你才是一点功劳都没有呢。"

猪说："我的肉可以让人吃饱，怎能说我没有功劳？"

两个家伙就这样争执不下，过了一会儿，羊走了过来说："你们不用再争了，你们两个的功劳我都有，当然是我的功劳最大了。"

狐狸和猪正要反驳的时候，一只凶恶的狼扑了过来，把它们全部都咬死了。狼狂笑道："这些动物动不动就夸耀自己的功劳，到头来只是我的美餐罢了。"

这与"螳螂捕蝉，黄雀在后"有着差不多的意义，只不过，螳螂被黄雀吃掉是因为它只看到眼前的利益而没有注意到背后的危险，而羊它们则是因为炫耀自己的功勋而忽视了背后的危险。

每个人都有获得别人尊重和肯定的需求，但是获得别人的肯定的方法是不断取得成绩，而不是居功自傲。如果我们在已经取得的成就面前沾沾自喜而忘记继续努力的话，我们的成绩很快就会成为过去，而我们也会成为过去。在这个年代，有才能的人多如牛毛，每个人都希望自己在职场里有所作为，居功自傲者的辉煌已成为过去，而虚心谦虚者时时都在创造辉煌。

三国时期著名的谋士许攸本是袁绍的手下，官渡之战之前，他的儿子因贪污而被袁绍关了起来，许攸因此而投降曹操。他向曹操献计，让曹操派兵偷袭袁绍粮草所在地乌巢，帮助曹操取得了官渡之战的胜利。袁绍兵败后，仓皇逃走，许攸又建议曹操速进兵，速战速决，兵分八路攻占邺郡。袁绍死后，他又建议曹操决漳河水淹冀州城，攻克冀州城。

在与袁绍的这场战役里，许攸可以说是立了头功，而且他又是曹操的旧相识，按理来说应该会受到曹操的器重，加官晋爵，但是却落了个

身首异处的下场。

原来，许攸进入冀州城之后，仗着自己的功劳，目中无人，就连曹操也不放在眼里，三番两次暗中讽刺曹操，他认为若是没有自己，曹操根本就进不了冀州城。他的一系列举动惹得曹操很不高兴，但是曹操也不能杀他，否则就显得自己小肚鸡肠了。然而，其他人并不这样想，尤其是那些武将。有一天，许褚在东城门碰到了许攸，许攸又一次在他面前提起自己有多大多大的功劳，说："没有我，你们进得了冀州城吗？"许褚大怒说："我们浴血奋战，出生入死，你怎敢夸下如此海口？"许攸说："你们都是匹夫。"许褚大怒之下，拔剑就把许攸给杀了。曹操听说许攸被杀，虽然表面上显得非常不高兴，但是心里还是很高兴的，因此，他并没有责罚许褚。

我们的成绩是我们在职场中的资本，但是我们还要意识到功劳背后的隐忧，如果我们把功劳太当作一回事，那么功劳就不再是蜜糖，而是砒霜。无论我们取得多大的功劳都不要忘记自己现在的身份，在上司面前，一定要把功劳收起来，上司不需要我们的提醒，他们会看到我们的功劳。

历史上那些懂得功成身退的人的下场总是比那些居功自傲的人的下场要好得多，萧何居功不自傲得以一生位极人臣，韩信因居功自傲惨遭杀害。所以，居功而不自傲的人才是职场中的聪明人，在功劳面前，我们要始终保持谦虚的态度，只有这样我们才能再创辉煌。

第八章
吃亏是福，别斤斤计较

投机取巧必要吃大亏

职场中总是会有些员工投机取巧，早上上班迟到 5 分钟，晚上下班早退 5 分钟，中午休息的时候多睡几分钟……任何一个公司都需要勤勤恳恳、任劳任怨的员工，而在职场中最终成功的人也是那些兢兢业业的人。

在一些人看来，我们工作换取的工资是固定的，反正一个月就那些工资，多做一点和少做一点没有什么区别，既然这样，何不就少做一点呢。这样的人是不会有所成就的。事实上，每一个公司都会对自己的员工进行考察，每一个员工每天在干什么，领导知道得一清二楚。那些投机取巧的人永远不会成为公司选拔的对象，因为他们根本不具备责任心和敬业精神。

郝蕾和同学一起进入一家公司，半年之后，她的同学升职成了她的顶级上司，这让她非常不满意，的确，郝蕾是一个聪明的人，而且业务能力也很突出，但是她却从来不肯把全部的精力放在工作上。

她刚进公司的时候，就感觉这家公司规模太小，与她的理想相差太远，于是她抱着得过且过的态度来应付工作。虽然她每个月都按时完成了自己的工作任务，但是凭她的工作能力，完全可以做更多的事情，而她却从来不会去做。每天工作完成之后，她就会在一旁做自己的事情，甚至有的时候会提前下班。

但是她的那个同学却不一样，虽然她的业务能力并不强，但是她很有责任心，经常会主动留下来加班，没事的时候也会留意一下公司有什么其他的事情要做。半年后，她的同学的业务能力也提高了，公司也就顺理成章地提拔了她的同学。

在职场中，多付出一点总是比不付出要好得多，天上不会有馅饼掉下来，我们只有靠着今天的辛苦和勤奋，才可能创造出明天的辉煌。我们如果总是想投机取巧，那么最终就会吃大亏。

职场人要想在竞争中取得胜利，仅仅在工作中做到兢兢业业、尽职尽责是不够的，你还应该比别人多做一点，比别人期待的更多一点，多为你的老板和你的客户着想，如此才可以吸引更多的注意，给自我的提升创造更多的机会。更重要的是这会使别人觉得你本分可靠，能当大任，这样才会为你带来长远的利益。

江成毕业后进入了一家大型企业当质检员。刚进公司第一天，他偶然看到公司的一位宣传员在写一本宣传材料。但他看过之后发现这位宣传员文笔干涩，毫无才情，写出来的文字无法引起别人的阅读欲望。因为平时对文字比较感兴趣，又加上最近工作任务不多，江成便在业余时间写出一本宣传材料，并给了那位宣传员。

宣传员发现江成文笔优美，所写的材料翔实，比自己写得要好很多。他决定舍弃自己写的那本材料，把江成所写的这一本交给了总经理，并对江成表示了感谢。

第二天，总经理就把那位宣传员叫到了自己的办公室。"那本宣传材料我看过了，不过好像不是你写的吧?"总经理问。"不——是——"那位宣传员不好意思地回答。"那到底是谁做的呢?"经理问道。"是质检员江成。"宣传员回答。

总经理很快就把江成找来了。"年轻人，你怎么会想要做这个宣传材料呢?"经理问他。"我觉得这样做，有利于在员工内部进行宣传，让他们了解我们的企业理念和管理制度，有利于对外扩大我们企业的声

第八章　吃亏是福，别斤斤计较

誉，更能够加强我们的企业品牌力量，有利于产品的对外销售。"江成说。总经理笑了笑说："做得好，我很欣赏你！"

一个星期后，江成被调到了宣传部，做了宣传主任，负责对外宣传工作。一年之后，他因出色的工作表现，又当上了总经理助理。

投机取巧的人会在激烈的竞争中慢慢被淘汰掉，而踏实肯多付出的人，则会在职场中不断获得成功。

宽容者才能成大事

职场中总是少不了一些磕磕碰碰，我们不可能不被卷入其中。当我们遇到这样的情况的时候，我们应该怎么做呢？是反戈一击，还是顺其自然？职场中那些小肚鸡肠的人总是容不得别人半点差错，一旦别人在某事上伤害了自己，就会以牙还牙、以眼还眼。

张丽是办公室里最不受欢迎的人，原因就在于她经常为一些鸡毛蒜皮的事情和同事发生冲突。

这一天一大早，张丽刚刚坐在自己的办公桌前，就发现自己的抽屉有被人翻动过的迹象，于是她立刻大声喊了起来："谁翻了我的抽屉？"同事小李笑着说："真不好意思，是我，今天早上我来的时候需要用笔，但是怎么也找不到我的笔，所以就到你的抽屉里拿了一支。"张丽听完这话顿时火冒三丈："谁让你动我的东西了？经过我的允许了吗？如果我的抽屉里有重要的东西丢了你赔得起吗？"小李感到莫名其妙："你能把什么贵重的东西放在抽屉里呀？不就是用了你一支笔吗，至于这么大呼小叫的吗？""你说谁大呼小叫啊？明明是你不对在先，还说我大呼小叫。"同事们纷纷过来解劝，但是张丽就是不依不饶，最后闹到了经理那里，以小李向张丽道歉结束了这件事情。

从那以后，同事们为了不招惹张丽纷纷躲得远远的，但是张丽又以为大家都在排挤她，又跑到经理那里去告状，结果被经理训斥了一顿。就这样，张丽成了办公室里最不受欢迎的人。

职场的环境虽然有所不同，但是与人相处的道理是相同的，无论什么时候，我们都必须学得大度一些、宽容一些，只有这样，我们才能赢得他人的好感。同在一间办公室里工作，难免会有一些磕磕碰碰，如果我们对于这些小事斤斤计较必然会失去大家的好感。对于这样的小事，我们要学会宽容，只有这样，才会减少摩擦和矛盾。比如说，某同事不小心把我们的东西弄坏了，也没有告我们，这个时候如果我们不声不响地处理好，对方必然会感激我们，相反，如果我们找他去理论，弄得尽人皆知，让他颜面扫地，必然会让他很恼怒，关系就会变得很尴尬。

法国著名将军拿破仑曾经有一次驻扎在一个小镇上，这个小镇盛产葡萄。有一天晚上，一个士兵口渴就悄悄地来到一个葡萄架下偷吃了葡萄。

第二天一大早，葡萄园的园主就找上了门，他气愤地对拿破仑说："你的士兵昨天晚上偷吃了我的葡萄，你必须给我一个交代。"拿破仑向葡萄园主道了歉，并且赔了钱，这才让园主消了气。拿破仑对于士兵的行为非常生气，但是他转念一想，现在正是用人之际，决不能因为一时之气，而失了人心。处罚一个人是小事，影响了全军士气就得不偿失了。

拿破仑强压住了怒火，决定小惩大诫一番，让士兵们引以为戒就行了。于是在早操的时候，拿破仑对全体的将士说："昨天有人没有经过上司的批准，没有和葡萄园主打招呼就偷吃了葡萄，这是违反军纪的行为。不过我已经向葡萄园主道歉了，他也原谅了那个人，这件事情就到此为止，不再追究。但是我希望这样的事情不要再发生在我们的军队里了。"

第二天葡萄园主拎着一篮子葡萄来了。拿破仑拿钱给他，他坚决不肯收，拿破仑说："我们的军队从来不随便拿别人的东西，您这样是让我为难。"葡萄园主说："那你为什么不惩罚那个偷吃葡萄的士兵？"

拿破仑说："我手下的士兵们随着我出生入死，一直都很优秀，我不能拿他们的这一点缺陷去衡量他的功过对错，否则就有失公允了。"

那个偷吃葡萄的士兵再也忍不住了，主动站了出来，承认了自己的过错，并且请求处罚。拿破仑对他说："我已经说过不再追究这件事情了，只要你以后能够自我约束就行了。"后来，这个士兵随着拿破仑南征北战，立下了赫赫战功。

领导者最重要的任务不是去具体执行某项工作，而是协调组织员工开展工作，要想有效地组织员工，就必须让自己充满人格魅力，具有凝聚力，要做到这一点，就必须小事糊涂。每个员工都可能犯错，但是并非每一个错误都是不可原谅的，只要不是严重的错误，领导者就应该学会宽容。心胸狭窄的领导只能让员工畏服，却不能让员工信服，一个只能让员工畏服的领导并不是一个成功的领导。

投机取巧不如踏实进取

投机取巧是现代职场中的一种常见现象，它与人的浮躁心理有着密切的关联。每个职场人士都希望自己能够在职场中有所作为，但是梦想转化为现实并非那么容易，投机取巧绝不是通往成功的道路，相反它有可能会葬送我们的职业生涯。

世上并没有职场捷径供人走，很多路看起来是捷径，事实上前面却是万丈深渊，如果我们不慎踏上那条路，恐怕就难以回头。

申龙大学毕业后顺利地进入了一家国有企业，当时的申龙踌躇满志，希望通过自己的努力改变自己的人生。一年过去了，申龙还是在基层，但是他身边很多曾经的同事都成了他的上司，这让他难以接受。申龙认为自己的能力并不比他们差，但是自己却始终未能提升，肯定是这些人用了一些见不得人的手法。

申龙决定"效法"那些人，于是他不再把精力放在工作上，而是放在和领导搞好关系上，每天申龙都等着和领导一起下班，趁机和领导搭话，逐渐申龙和领导混熟了，每次领导见到他的时候都会主动和他说话，这让申龙非常高兴，他更加坚信了自己的判断。终于有一天，申龙认为时机到了，那天晚上，申龙带着重礼到了领导的家中……

第二天，申龙就接到了人事部门的电话，他已经被解雇了。

也许职场中有一些人是靠着投机取巧成功的，但是这毕竟是少数，而且这些人的后果也可想而知。大多数的成功还是靠着个人的奋斗得来的，那些成功的企业家都曾经在基层付出过努力，他们的成功并非是我们看到的那样轻而易举。

投机取巧可以成就一个人一时，但不可成就他一世。脚踏实地地工作才是通往成功最稳妥的一条路。也许这条路上布满了艰辛，但是无论怎样，我们不会因为投机而葬送一生。

投机所得来的成功是不牢固的，就像是建立在流沙上的楼房，随时都有倒塌的可能，一个没有付出过努力的人，一个没有真正本领的人，即使给他高职位他也担不起重任。当我们在投机取巧的路上寻寻觅觅，

第八章 吃亏是福，别斤斤计较

最终失望而回的时候，那些勤勤恳恳、努力工作的人已经凭着自己的努力走在了我们的前面。

　　罗马不是一天建成的，职业的突破也不是靠投机取巧能够得来的。我们要克服浮躁的心理，不要想着自己能够一步登天。与其每天幻想，不如脚踏实地、本本分分地完成自己应该完成的工作。天道酬勤，只要我们真的在自己的岗位上付出了辛勤的努力，就一定会取得成功。

　　卡罗·道恩斯本来是一名普通的银行职员，薪水虽然不高，但也够满足温饱。后来，他出于兴趣改行到一家汽车公司，薪水只是原来的一半，因为喜欢这份工作，所以尽管薪水很低，他还是决定把握这次机会。

　　在工作中，道恩斯一直激情满满，从不偷懒。当同事们抱怨薪水太低或跳槽到薪水高的公司时，道恩斯始终坚持留在这里，保持积极的工作热情。他很珍惜老板交给他的任务，在他看来，这些任务就是机会。

　　半年之后，道恩斯的业绩很突出，他想试试自己是否有提升的机会，便直接写信向老板毛遂自荐，得到的答复是："任命你负责监督新厂机器设备的安装工作，不保证加薪。"由于没有受过工程方面的培训，道恩斯根本看不懂图纸，可他不甘心放弃任何一个机会，哪怕不加薪水，也值得付出比以往更多的努力。于是，道恩斯发挥自己的领导才能，自己掏钱找了一些专业的技术人员完成安装工作，并且比预定完成的时间提前了一个星期。

　　结果，他不仅坐上了部门经理的位子，薪水也翻了 10 倍。后来，老板告诉他："其实，我知道你看不懂图纸，让你做的唯一理由就是你有一颗进取的心。若是你随便找个理由推掉这项工作，我真的会开除你。"

　　成功是由无数努力积累而成的，日复一日、年复一年的机械工作虽然乏味，但是却是成功必不可少的要素，当这些要素积累到一定程度时，成功就会降临到我们的身上。高职位永远是留给那些有能力、有责任感、有敬业精神的人，而不是留给那些只知道投机取巧，却没有真才实学的人的。

没人监督也别懒散

经理出差了，整个办公室的人似乎都从紧张的气氛中缓和了下来，每个人脸上都挂着笑容，有的人在来回走动，有的人在聊天，有的人在睡觉，甚至还有人在玩游戏。这种场景在办公室中很常见。很多职场人士的眼睛总是盯着领导，而不是工作本身。这种本末倒置的做法是很多职场人士失败的根源。

升职、加薪都要依据我们的工作业绩，无论有没有领导监督我们，我们都应该把自己最好的一面展现出来，因为只有这样，才能保证我们工作始终都很出色。努力工作的动力应该来源于我们的内心，而非外在的监督，当我们把外在的监督当作动力的时候，懒惰就会滋生。

每个人都有懒惰的心理，这种发自内心的东西只能靠意志力去克服，却不能靠外力改变。如果我们克服懒惰的意志不够坚定，懒惰就会越来越严重。而任何一家公司都不需要懒惰的人。做给老板看的勤奋和努力并不能换来成功，相反会毁掉我们的成功，老板需要的是能够为他创造更多利益的人，而不是那个表面看起来能干，却总不能做出成绩的人。

林强是整间办公室里最"聪明"的人，所有的同事都这样认为。因

第八章 吃亏是福，别斤斤计较

为只要老总在，林强就非常卖力地工作，对于表现这么"好"的员工，老板自然是赞赏有加，因此，林强成了老板面前的第一大红人。

但是一旦老板不在，林强马上像变了一个人似的，什么事情都不愿意做，上网聊天、和同事闲聊、看看报纸、喝喝茶。总而言之，凡是和工作沾边的事情他都不愿意做。

世上没有不透风的墙，不知怎么着老板就得知了林强的这种行为，这一天老板为了验证真实性，故意说要出差。果然，林强原形毕露，被"凑巧"回来拿文件的老板抓了个正着。从那以后，老板就再也不信任林强了。虽然林强为了挽回老板的信任做了很多努力，但是一切都于事无补。

工作和我们的前途有关，我们必须为之付出努力，如果我们抱着敷衍老板的态度工作的话，那么早晚有一天会被这种态度所敷衍。如果我们以为那样做是聪明的话那就大错特错了。在职场竞争中，没有任何事情可以保密，我们可以瞒得了一时，绝瞒不了一世，总有一天会被发觉。

我们如果对自己的前途负责，那么就不要投机取巧、懒散成性。无论是在什么时候，都把自己全部的精力放到工作中去。事实上，越是没有监督的时候，越是考验一个员工对企业忠诚度和对工作的责任感的时候。几乎所有的员工在有监督的情况下，都会表现得勤勤恳恳，但是一旦缺乏监督，人的懒惰心理就开始出来作怪了，那些对待工作不认真的人，在缺乏监督的情况下是很难表现良好的。

所以，在有监督的情况下是难以分辨员工好坏的，只有在没有监督的情况下，才是检验员工敬业度的最佳时机。

再者，任何有效率、出成绩的工作都是在自发的情况下完成的，而不是在逼迫下完成的，如果我们只是做样子给老板看，那么我们的工作表面虽然很华丽，但是却缺乏实质的内容。假设我们在正常的情况下一天能够创造 100 元的利润，在别人的监督下能创造 120 元的利润，但是在别人监督的时候，我们所创造的利润立刻缩水到 50 元，那么平均起来，我们所创造的利润还不到正常的水平。所以，千万不要以为我们的投机取巧公司不知道，事实上这是很容易判断出来的。

要想在工作中做出突出的成绩就必须端正自己的工作态度。我们不能把工作看成是在为老板创造利润，而是要看成是在经营自己的事业，只要我们做得够好，我们就一定可以取得事业上的成功。公司为我们提供了一个展示自己的平台，如果我们不在这个平台上好好地发挥自己的作用，那就是在浪费自己的生命。

在职场激烈的竞争之下，这种投机取巧的员工注定会被淘汰，只有具有高度的自觉性和责任感的员工，才能在职场竞争中立于不败之地。

给多少钱 ≠ 干多少活

曾经有人这样比较中国员工和外国员工的工作态度，外国员工是"我做得越多，老板给我的钱就越多，所以我要多做"；而中国员工是"老板给我多少钱，我就干多少活，所以给得少就少干"。这两种不同的态度造成了两种不同的结果。把干活作为前提条件的员工早晚会成为职场中的成功者，而那些把拿钱作为前提条件的人注定是职场中的失败者。

经常有一些职场人士在因工作不认真而被批评的时候这样抱怨："你给了我多少钱啊，想让我做那么好，我能做到现在这样已经对得起你给我的钱了。"有了这样的心理的职场人士注定不会努力工作，因为在任何时候他们都会认为公司给自己的工资是低于自己给公司创造的利

润的，所以这些人在工作中只会越来越没有动力。

工作是我们一生都要经营的事业，它并不是一个简单的等价交换。如果我们一味地追求等价交换，那么我们就不会在事业上有所成就。事实上公司与员工之间并非是如此简单的关系，公司为员工搭建了一个平台，在这个平台之上员工的付出与收获必然是不能等同的，因为公司必须要维持这个平台的运转。在这种背景之下，只要我们付出得多，我们得到的也多。

世界500强企业日本松下集团创始人松下幸之助曾问他公司的一个员工："如果公司付给你1000元，你应该做多少事情才对？"

这个员工回答说："你给我1000元，我就给你做1000元的事。"

松下说："如果真是这样的话，公司是要开除你的！因为给你1000元钱，你就做1000元的事，公司就没有利润了，是在赔钱，所以公司不会要你，你自然一分薪水也领不到了。我给你1000元工资，你应该给我做2000元的事才对。"

在职场中永远不会有严格意义上的等价交换，但是"多劳多得"这个原则是不会改变的，只要我们真正付出了，就一定可以有所收获。当我们把自己的付出看成了获得报酬的基础的时候，我们就不再会认为自己的报酬与自己的付出不等价。

升职加薪都不是公司决定的，而是由我们自己所决定的，如果我们想要升职加薪，那么就努力提高自己的价值，提高自己创造价值的能力。成功学家拿破仑·希尔说过这样一句名言："提供超出你所得酬劳的服务，很快，酬劳就会反超你所提供的服务。"所以，在职场中，我们所要强调的不是"物有所值"而是"物超所值"。

那些精明地计算着付出与报酬的人看似精明，却是最愚笨的，长久下去，他们会损失惨重。当他们因"不等价"而逃避工作、推卸责任的时候，他们的职场前途就已经注定。当他们为自己的高明而暗自欢喜的时候，他们的工资便随着他们付出的减少而减少。他们一直计较工资，到头来却始终摆脱不了工资的困扰。

我们的眼光不能仅仅局限在工资上，要知道工作除了给予我们工资以外，还给予了我们更多宝贵的东西。在工作的过程中，我们的能力得到了提升；在工作的过程中，我们的经验得以丰富；在工作的过程中，我们的责任感得以增强。而这所有的一切都是未来有所提升的资本。所以，我们要感谢工作，我们要为工作付出，因为一时的付出换来的是长久的回报。

第九章

同事不是你的劲敌，
而是你的合作伙伴

良好的人际关系是工作的基础

职场中，我们经常会看到一些在工作中一直表现很突出，业绩完成得一直不错的员工在背后发牢骚，说自己业绩优秀却总是得不到老板的赏识。

其实，在职场中，若想在工作上取得成功，就要与同事保持良好的关系。当你因业绩优秀或表现出色而获得嘉奖时，切勿独占功劳，因为你的成功中包含同事辛勤的汗水。良好的人际关系才是你业绩优秀的前提，否则，你会在职场中一败涂地。

徐锐是公司业务部的精英，几乎每年都能获得公司年终奖金。今年年底又到了，徐锐根据考核办法，算出自己又可以拿到 2 万元奖金，便提前与女朋友算计这 2 万元该怎么花。最后决定，存银行 1 万，另外 1 万做春节旅游的费用。

等到获奖名单公布以后，徐锐却没有在名单中发现自己的名字。是不是相关人员疏忽把自己漏掉了？徐锐带着疑问找到业务部经理。经理说："我们这次考核，是绩效考核加表现考核，不只是看绩效，还要看平时的表现，如个人形象、是否具备团队合作精神，等等。你想想看，自己在其他方面有没有做得不够的地方。"

听到这儿徐锐不由得低下头去。经理提醒说："年中时你跟小李争地盘，哪有一点团队合作精神？而且给公司造成了很不好的影响。这是你今年没有拿到年终奖金的主要原因。"

徐锐跟小李所争的"地盘"，是一家大客户。原来是小李开拓的市场，后来那家大客户的部门经理易人，徐锐的同学走马上任。徐锐就去拜访同学，想把业务划到自己名下。小李告到部门经理那儿，结果部门经理出面批评了徐锐，让徐锐大为恼火。

这还没有结束，不久公司大裁员，徐锐赫然出现在名单上。一想到自己是业务精英，公司是不是搞错了？徐锐找老板询问。老板说没错，因为缺乏团队合作精神。公司需要业绩是对的，但公司更需要一个合作的团队。

在职场中，业绩是工作的重点，但人际关系也是不可忽视的部分。因此，我们重业绩，更要重情义。

与同事处好人际关系要注意以下几点。

1. 调整心态

同事不是冤家，同事之间应该是相互合作的关系，而不是相互竞争的对手。如果你把同事当成阻挡自己发展的绊脚石，你一定很难在办公室立足，当然发展也就更难了。互惠互利才是集体接纳你的基本前提。

2. 个人情感别带入办公室

谁都有自己的喜恶，但要记住不要把这种个人喜恶带入办公室，因为你的同事的喜好可能与你不同。当你们看法不一致的，你应保持沉默，不要妄加评论，更不能以此为界，划分同类与异己。为了工作，你要懂得包容。

3. 经济上分清楚

同事们一起活动，AA 制是最佳选择，这样大家心里都没有负担，经济上也都承受得起。千万不可小气，把自己的钱包捂得很紧，被别人看轻，即使偶尔吃点亏也没什么大不了的。

4. 说话要有分寸

与同事说话的时候必须注意分寸，不能想说什么就说什么，在每说一句话之前，都要先考虑一下是否合适。不同的场合，对不同的人，有

很多话是不能随意说旳，否则可能会带给你意想不到的麻烦。同时同事隐私不要轻易打听，除非对方主动向你说起。过分关心别人隐私是一种无聊、没有修养的低素质行为。

5. 积极参加集体活动

在办公室里坐了一天，下班后同事们难免会一起出去吃吃喝喝，我们要积极参加。在闲暇之余，与同事们一起出去娱乐，比如唱歌、郊游、跳舞、泡吧等不仅能彼此增进了解，也能让你获得更多的快乐和放松，更有助于培养和谐的人际关系。

良好的人际关系是工作的前提，也是合作共赢的前提。团队的力量永远比个人的力量大．脱离了团队，你离成功就更远了。

与人为善，尊重每一位同事

尊重他人是与人交往最重要的前提条件，任何融洽的关系都是建立在相互尊重的基础之上的。身在职场中，我们必须尊重每一位同事，只有这样我们才能和他们始终保持良好的关系。

印度诗人泰戈尔曾说："你希望别人怎样对待你，你就应该怎样对待别人。你尊重人家，人家尊重你，这是人与人之间的公平交易。"在办公室里，每一个同事都是值得我们尊重的。同事之间是绝对平等的，没有任何地位的差别．我们没有任何理由轻视同事。一些职场人士的眼睛里只有上司，在上司面前卑躬屈膝，而在同事面前则傲慢无礼，这样的人必然是最不受欢迎的人。

吴晴是一个非常能讨上司欢心的人，进公司两个月的时间，她就成了上司面前的红人，但是同时也成了同事眼里的"仇人"。

吴晴是一个非常漂亮的女孩子，本来非常惹人喜爱，但是她却常常仗着自己的漂亮不尊重他人。她经常无缘无故地批评办公室里的女同事的穿着打扮，指责男同事没事老是看她。时间久了，吴晴的可爱在同事的眼中就变成了可恶，谁也不愿意多搭理她。成了上司面前的红人之后，她就更加傲慢了，经常指使同事们做这做那，俨然把自己当成了领导。

和我们在一个级别的同事必然和我们有着相同的能力，他们的身上总是有着我们所不具备的能力，我们没有任何资格瞧不起他们。即使我们的确出类拔萃，也同样不能不尊重同事。现代职场是一个需要团队合作的职场，无论我们多么优秀，都需要与同事合作才能够做好工作。

现代职场需要的不仅是有工作能力的人，还需要有组织协调能力的人，一个不懂得尊重同事的人连最起码的人际关系都处理不好，就更不用谈组织协调能力了，所以，不尊重同事的人永远都无法在职场中有所作为。

霍燕是总经理秘书，由于工作能力突出，又懂得察言观色，所以很受总经理器重。当总经理助理的职位空缺下来的时候，总经理有意让她补上空缺。

霍燕听到这个消息之后心花怒放，到处炫耀，在正式的任命文件还没有下来之前，就已经闹得尽人皆知了。但是等到结果出来之后，霍燕惊讶地发现自己并没有被提拔为总经理助理。

原本总经理是有意让她担任总经理助理的，但是由于霍燕及早地将消息散播出去，让办公室里的每一个人都知道了。于是办公室所有的员工联名向总经理投诉霍燕，这让总经理非常震惊。于是总经理找了很多员工来了解事情的原因，通过员工的口，总经理总算知道了霍燕平时的为人。

霍燕是一个很势利的人，在总经理和各级主管面前总是表现得小心翼翼，但是在同事面前却趾高气扬，经常仗着自己是领导面前的红人对同事吆五喝六、指手画脚、冷嘲热讽。

这一次总经理要提拔霍燕做助理，这让所有的同事都坐不住了，大家心里都明白，如果霍燕她当上了助理，以后大家就没有好日子过了，于是他们才想到了联名投诉的办法。

人在职场，一定不要戴着有色眼镜看人，对那些对自己的加薪和晋升起决定作用的人，无比尊重，而对待身边的同事，却傲慢无礼。有些人甚至把同事分出个三六九等来，比自己优秀的，尊重；跟自己水平差不多的，爱搭不理；比自己差的，不屑一顾。这样，很可能将自己陷入一种不受欢迎的境地，落得一个势利小人的名声。

尊重同事主要表现在以下几个方面：

1. 尊重同事的人格

在与同事相处的时候，一定要注意自己的口气措辞，千万不要用那些含有侮辱性的词与同事说话，即使是在最愤怒的情况下也不要那样做。每个人的人格都是平等的，不容许任何人侮辱。

2. 不过度以自我为中心

在和同事说话的时候，一定要注意同事的反应。很多时候，并非每一个同事都愿意听我们絮絮叨叨的谈话，我们没有任何理由强迫同事听自己谈话。

3. 尊重别人的标准

每个人都有自己的处事标准，我们不能把自己的标准强加到同事的头上。

4. 注意倾听同事的谈话

倾听是一种尊重别人的表现，当同事向我们讲述某一事件，表达某种观点的时候，我们必须认真倾听，并适时地做出反应，只有这样，同事才有被尊重的感觉。

在同事需要帮助时给予帮助

在激烈的职场竞争中，一些职场人士总是把同事之间的关系复杂化，在这些人看来，帮助同事就等于是伤害自己，于是他们对同事采取了冷漠的态度。事实上这种想法是完全错误的。职场中存在着竞争，但是竞争并不影响同事之间的合作。良好的人际关系才是赢得胜利的基础，只有主动帮助同事，才能赢得同事的好感，维持与同事的良好关系。

现代职场的竞争是建立在合作的基础之上的，没有合作就没有高效的工作，没有高效的工作，每个人都没有竞争力，没有竞争力的人如何能在职场中生存？所以同事之间并不应因为竞争关系而变成对手，而应该在互相帮助的前提下进行竞争。

"赠人玫瑰，手留余香"，帮助同事也是在帮助自己。我们在同事有困难的时候伸出援助之手，就等于是为自己买下了一份保险，在我们自己遇到困难的时候就有了求救之门。

李勇刚刚拟好一份业务报告书，准备送去给主管审查。因为刚工作，李勇还不太会写报告书，他很怕报告书被主管打回来。于是他坐在自己的办公桌前绞尽脑汁，苦恼着是否呈上这份报告书。结果都已经到了下班时间，李勇还没有打算走的意思。这时同事王亮过来看了看报告，告诉李勇，尽管报告写得条理分明，但是语气太过尖锐，如果能稍加更改那就更加完美了。李勇听了，既感激王亮的真诚忠告，又感激他此时的关心。后来，李勇听从了王亮的意见重新写了一份报告书，果然顺利通过了，于是李勇就把王亮的这份相助记在了心里。

过了几个月，王亮想向公司申请购买一台电脑。因为从长远的眼光来看，添置这台电脑办理业务会更加方便。然而，几星期前领导刚刚倡导节省经费，此时申请的话，王亮非常担心自己的申请不能通过。这时，李勇动了动脑筋，于是劝王亮在申请书上注明："这台电脑将在与我们有业务来往的那家公司以最低价格购买。"最终王亮的电脑申请被批准了。

每个人都不可能在工作的时候不出现任何问题，当同事出现问题的时候，我们不能抱着幸灾乐祸的态度隔岸观火，而应该主动提供帮助。在我们帮助同事将问题解决时，同事必然会对我们心生感激，在我们遇到困难的时候，他们也会主动地向我们提供帮助，这是一个互惠互利的过程。

退一万步说，即使我们的帮助不能换来对方的同等回报，起码也可以为自己积攒人气，保持与每一个同事的良好关系。在办公室里，每个人都有需要别人帮助的时候，当同事需要帮助时，只要是在自己的能力范围之内的，我们都应该帮助。

一些职场人士总是认为帮助同事是一件吃亏的事情，比如说，吃饭的时候，同事让帮忙打饭，自己不愿做；出门的时候同事让帮忙把垃圾带一下，不愿意做；忙的时候同事让帮忙倒点水，不愿意做。事实上这是愚蠢的做法。这些事情虽然很小，但是只要我们做了，就可以增加同事对我们的好感。同事之间没有必要那么泾渭分明，如果我们连举手之劳都不愿帮忙，岂能奢望拥有良好的人际关系。

一些职场人士之所以不愿意帮同事是出于面子的考虑，在他们看来，大家是同事，关系是平等的，我的任务是工作，而不是为你服务。

也就是说，他们认为为平级的同事做那些事情是一件很丢脸的事情。然而事实上这里面并没有谁为谁服务的说法，纯粹就是简单的帮忙。我们今天能够帮助同事做这些事情，当我们需要同事做这些事情的时候，他们多半也不会拒绝。

在同事需要帮助的时候帮助同事，打造一流的人脉关系，为自己创造良好的职场环境，有助于我们顺利地实现职业目标。

绝交不会给你带来什么好处

一些个性强的人总是很容易和同事闹翻，以至于最后绝交，这对职场发展是不利的。在职场中，绝交绝对不会给我们带来任何好处，相反会让我们彻底失败。当我们与某一同事绝交的时候，就注定了我们将会成为职场中的失败者。

可能有人会认为事情哪有那么严重，不就是和同事闹翻吗，跟职场发展能扯得上什么关系。其实不然，会和同事闹翻，就说明这是一个不会处理人际关系的人，一个不会处理人际关系的人，岂能在职场中有所发展。如果这样的事情传到领导的耳朵里，就会给领导留下一个极为不好的印象，以后无论我们怎么努力，都很难抹掉这个不好的印象。

徐斌是一个脾气暴躁的人，在大学的时候就经常与同学闹矛盾。参加工作以后，虽然有所收敛，但是还是没能彻底改掉这个不好的毛病。

在徐斌所在的单位里，有一个出了名的"赖子"，他是徐斌的同事，经常借别人的东西不还。徐斌刚到单位的时候并不了解这个情况，被赖掉了很多东西。后来，有同事把这一情况告诉了徐斌，并告诫他远离那

个人。

于是徐斌开始有意识地疏远那个同事，有一回那个同事又向徐斌借东西，徐斌随便找了一个借口搪塞，但对方总是纠缠，忍无可忍的徐斌暴躁的脾气发作，大声呵斥。那人恼羞成怒，与徐斌在办公室里大吵大闹，口出污言秽语。最后徐斌与那人差点动手打了起来，自此老死不相往来。

后来，这件事情不知道怎么被经理知道了，不知情况的经理认定徐斌是一个小肚鸡肠、不能容人的人，自此对徐斌总是不看好。

同事中什么人都有，我们不能保证能和每个人都保持很好的关系，但是起码表面上的和平还是要维持的。如果因为自己的喜恶而和某些自己认为不好的人闹翻的话，吃亏的终究是自己。

在职场中，我们要与每一个同事和平共处，即使这个同事是我们非常讨厌的人。事实上，对于那些不好的人，我们可以敬而远之，但是没有必要闹到绝交的地步。绝交虽能带给我们一时的痛快，但是说不定在某一天后遗症就复发了。要知道现代职场是非常重视合作的，经常会有一些工作需要几个人一起合作完成。上司并不了解我们的情况，如果恰好有一个任务需要我们与那个和我们绝交的同事合作完成的话，那我们该怎么办呢？

范璇在一家出版社工作，她是一名编辑。有一回因为一些小事和设计部门的主管闹翻了。事情过去之后，范璇也没有在意。但是这一天，主编突然交给她一个任务，让她与设计部的人商量、合作，为一本新书设计一个封面。

范璇为难了，自己与设计部的主管已经闹翻了，怎么去找他呢？自己又不懂得设计，如果硬着头皮去找他的话，面子上又挂不住。没有办法，范璇和一个关系较好的同事商量了起来。最后决定由那位同事代替自己去和设计部的人接洽，等到设计部确定了具体的设计人选后，范璇再接手。

虽然事情做好了，但是范璇还是不放心，她知道将来还是免不了要与设计部的人碰头，难道次次都要用这种办法来解决吗？到了这个时候范璇才感到后悔，后悔自己当初不该意气用事，一怒之下与设计部的主管闹翻。

现代职场是非常讲究分工与合作的，任何一个人都不可能单独做好所有的工作，即使一时之间不需要与其他同事合作，终有一天是要合作的。如果我们与其他同事闹翻了，将来合作时的尴尬就不用提了。所以，在职场中，我们一定要克制自己的情绪，和每一个同事都保持正常的关系，即使不能有很好的关系，起码也要能够不影响合作。

和同事也应该有工作以外的时间

对于职场人士来说，和同事相处的时间几乎占据了我们每天三分之一的时间。但是如何和同事相处却是一个很难回答的问题，因为同事之间存在的竞争使得同事之间的关系变得非常微妙。许多人出于保护自己的目的，拒绝与同事保持工作以外的联系，但是这样做真的好吗？

夏丹自进入新单位以来，就给自己定下一条铁的纪律：不跟同事做朋友；除了工作以外，私下里自己不跟同事过分接近。

其实，以前的夏丹并不是这样的，性格外向开朗的夏丹是一个特别喜欢交朋友的，经常与朋友推心置腹。但是第一份工作给她的伤害太大，她再也不愿意和同事在工作以外保持联系了。夏丹刚参加工作的时候，和单位的几个同事关系非常密切，到了无话不谈的地步。夏丹经常把自己的一些埋怨、牢骚向这几个"姐妹"倾诉。但是突然有一天，她发现公司的高层对自己的态度大异。经过一段时间的细致观察，她才知道是自己的口无遮拦惹的祸。她的那些"姐妹"把她出卖了。没有办法，夏丹只能选择辞职。

夏丹在现在这家公司工作已经两年多了，在这两年多的时间里，夏丹一直过着平淡的生活，每一次同事邀请她出去一起玩的时候，她都选择了拒绝。在她的身边，同事来来回回换了好几茬，但是从来没有一个能成为夏丹的好朋友。两年的时间过去了，夏丹还在自己的岗位上默默无闻地工作着。

我们不能否认由于竞争的关系，很多让人意想不到的事情会发生在同事之间。但是这并不足以作为不与同事来往的理由。虽然不与同事在工作之外产生交集可以保护自己，但是同样也会破坏与同事之间的良好关系。当我们拒绝与同事在工作时间之外产生联系的时候，就等于是将同事伸出的友好之手拒之门外，这样的话，我们就会永远处于孤军奋战的状态。试想一下，一个不能很好地和同事相处的人，怎么可能在职场中有所作为呢？

除了在工作当中与同事合作以外，我们还要在工作以外的时间与同事建立联系，只有这样才能加深与同事之间的了解和感情，才能为自己营造良好的工作环境。

三年前，顾莎来到一家 IT 公司做助理，在这家公司里，女性本来就很少，所以，漂亮的顾莎一进入公司就受到了大家的关注。顾莎是天生的自来熟，和谁都能合得来。到了公司没几天就和公司所有的同事打成了一片，她出现的地方总是热热闹闹的。

顾莎到公司之后，原本并不活跃的办公气氛变得活跃起来，同事之间因为她而联系紧密。顾莎经常在周末的时候张罗大家聚餐，或者是出去旅游，当然这里面所有的事情都是她来准备的。顾莎的为人为她赢得了良好的人缘，公司上上下下的人都对这个小姑娘充满了好感。

一年前，销售部门的同事悄悄地对她说："申请去我们销售部门吧，我们部门的老总对你的印象非常好。今年我们部门要派一个人去海外拓展业务，所以会缺人手。现在是一个大好时机，只要能够成功地调过去，将来前途无量。"

于是，顾莎提交了申请报告，没过多久，她就进了销售部。在销售部门里，她超强的交际能力得到了更充分的发挥。

与同事在工作中的接触是必要的，在工作中，同事之间彼此合作，那是出于工作的需要，但是工作之外的时间则完全是属于私人的，在私人的时间里交往，同事之间的关系自然会升级。

与任何人相处都要把握好一个度，同事也不例外。那么我们应该如何把握好这个度呢？

1. 保持账目清晰

就连亲人之间的关系都有可能因为账目不清晰而破裂，更何况是同事之间的关系。因此，在与同事出去玩的时候，一定要坚持 AA 制。过于豪爽大方或者贪小便宜都将使得双方的关系无法长时间维系。

2. 保持人格上的平等

在工作之中，同事之间有上下级的关系，但是在工作之余，大家都是平等的。因此，在工作之余与同事相处的时候，切记不要有什么等级观念。只有建立在平等的关系之上的友谊才能够长久。

第十章

高效沟通，
　　工作起来游刃有余

有才不张口，犹如"茶壶煮饺子"

要想成功光有才华是不够的。有才是成功的基础，只有才能突出，才能在职场中做出成绩。然而如果我们不适当地表现自己，就会变成"茶壶煮饺子——有货倒不出"。

"酒香也怕巷子深"，如果我们不积极主动表现自己，没有人会知道我们的才华。聪明的人不仅会做事，还会表现自己，他们总是能够寻找恰当的机会，使自己脱颖而出。所谓表现自己就是用一种有效的方式和上司建立联系，进行有效的沟通，让上司在沟通中了解我们。

常俊是一名博士，由于他的要求太高，求职时被很多单位拒绝。为了求得一份合适的工作，他想到了一个巧妙的办法。这一次，他收起了自己的毕业证书和学位证书，放低了自己的要求，顺利地进入了一家电脑公司的基层。

在这家公司里他是一名普通的程序录入员，在录入程序的过程中，他多次指出了程序中的错误，并提出了修改的办法，这让他的上司很惊讶，他的才华绝不是一般的程序录入员可及的。在上司的询问下，常俊拿出了他的学士学位证书，于是他被调到了一个与他的学历相符的职位上。

在新的职位上，常俊又一次展现出了不一般的才华，早就觉得他不寻常的上司一直在关注着他的工作，当发现他能够游刃有余地处理现在的工作问题时，又一次提拔了他。

在一次老总所主持的公司会议上，常俊代表他所在的部门提出了一条很有建设性的意见，引起了老总的注意。会议结束后，老总将他和他的上司留了下来，经过询问，老总了解了常俊一直以来的工作表现，并且认为常俊很有才能。此时常俊拿出了自己的各种学历证书。老总对这个才能出众而又机灵踏实的员工非常满意，于是毫不犹豫地重用了他。

现代职场竞争日趋激烈，在众多的竞争对手面前，我们并不是唯一有才的人，所以我们也不可能过多地引起上司的注意。只有我们主动争取让自己的才华全部展现在上司面前，他们才会注意我们。职场中的每一个有才能的人都是闪闪发光的明珠，上司很难分辨出哪一个更亮一些，但是如果我们能从那一堆明珠里跳出来，站在一个最显眼的地方，我们必然会成为最耀眼的一颗。

那么我们如何才能吸引上司的注意呢？这就需要我们有技巧地与上司进行沟通。正常情况下，我们与上司交流也就是在上司布置任务和我们汇报工作时，但是这种机械化的交流并不会让上司对我们有特别的印象。因此，除此之外，我们要创造新的交流机会，在新的交流中让上司了解我们的才华。

1. 向上司请教问题，进而表达自己的见解

我们可以通过请教的问题将话题引申到某些具体的专业问题上，在这些问题上，我们可以尽情地将自己的独到见解表达出来，进而与上司交流，让上司了解自己的才华。

2. 做好计划安排，主动请示汇报

工作是最能体现我们才华的，但是如果我们不采取一点积极的措施，上司很难在工作中发现我们的才华。首先，我们可以先做好工作计划，将工作计划交给上司，由他审定。然后，在工作的过程中，主动向上司汇报工作的进度，这样，如果就能够向上司展现我们的高工作效率。

3. 开会的时候积极发言

开会是表现我们才能的重要时机，所以，我们要牢牢把握住这个机会。开会前，做好充足的准备，开会的时候就可以侃侃而谈，以睿智的言谈征服上司。

主动向上司汇报工作

向上司汇报工作是工作中一个重要的流程，但是很多职场人士往往忽略了这一点，在他们看来，只要能够出色地完成上司交代的任务就行了。然而事实并非如此，向上司汇报工作不仅是对上司的一种尊重，也可以让我们在工作中少走弯路。一些职场人士因为在工作的过程中，缺乏与上司的沟通而导致工作方向发生偏差。虽然，我们能够无差错地完成工作，但不去向上司汇报工作却使我们丧失了一次让上司更全面了解我们的机会。

一些职场人士之所以不愿意向上司汇报工作，大多是因为对上司的恐惧和生疏。即便是汇报工作也是一纸报告了事，坚决不与上司见面。这样一来，我们与上司的隔膜就越来越深，这对我们的职场发展是非常不利的。

以报告的形式做工作汇报是有必要的，但那只是工作结束时的一个总结，在工作的过程中，我们要不断地以口头的方式向上司汇报工作。事实上，掌握我们的工作进度也是上司的工作，所以，我们是完全有必要向上司汇报工作的，千万不要等到上司亲自来问我们的时候再向他们汇报，聪明的员工往往会努力寻找一切机会，争取与上司面对面地汇报工作。

张晨怡是从事企业标志设计的。她业务能力强，工作又十分努力，所以每一个标志的设计从创意到最后成样，几乎都是她在挑大梁。一个设计下来，张晨怡经常几天几夜都泡在工作台上，直至最后定稿。但是张晨怡知道，在老板眼里，每一个设计作品都是整个设计部努力的结果，体现不出她个人的才华和能力。为了能够让自己超出旁人几倍的辛劳的工作被老板知道和认可，张晨怡一直在找机会。

终于有一天，张晨怡与老板在电梯间"不期而遇"。从一楼到顶楼，时间宽裕得很。看看老板心情不错，张晨怡有意无意地打开了话匣子："头儿，前天交上去的设计样稿看过了吗？"

老板："不错啊，我觉得××处的设计非常出彩！"

张晨怡："头儿的眼力果然厉害，当初设计的时候，这个地方真是颇费了一番脑筋的，本来……不过……结果……"

老板："听你说得头头是道，莫非××是你的主创喽？"

张晨怡："我是吸取、整合了大家的好点子之后，才形成的这个创意……"

老板心领神会地点点头。

两个月之后，张晨怡成为设计部的主管。

因为汇报工作是人人都能做、人人都会做的事情，我们只需像张晨怡一样，充分开发、利用这一时机，适当、适时地多多展示自身的优势便可大功告成。想想看，如果你能够与上司保持经常性的沟通，你工作的整体情况、大致进度、个人风格都已经被上司所熟悉，那么上司对你的印象能不深刻吗？

但值得注意的是，找上司汇报工作也要有技巧。有很多人觉得这是一件微不足道的事，甚至与溜须拍马、阿谀奉承联系起来，认为只要自己做好了，上司自然会看到。其实不然，要知道汇报工作就是你表现自我的好时机。掌握好汇报工作的技巧，你的工作绩效才能获得上司的认可。

173

1. 汇报要及时

工作汇报具有及时性，及时汇报才能发挥出最大的效果。上司对自己交代给下属的任务往往会比较关心下属执行的情况。所以说，汇报工作的及时与否会影响到上司对你的评价。因此，对于任务的进展我们要及时汇报，这样我们才能得到更多的资源，同时也可防止任务出现偏差。

2. 调整心理状态，创造融洽气氛

向上司汇报工作要先营造有利于汇报的氛围。汇报之前，可先就一些轻松的话题做简单的交谈。汇报者可借此稳定情绪，厘清汇报的大致脉络，打好腹稿。这些看似寻常，却很有用处。

3. 以线带面，从抽象到具体

汇报工作要讲究一定的逻辑层次，不可"眉毛胡子一把抓"，随心所欲地乱讲一通。一般来说，汇报要抓住一条线，即本单位工作的整体思路和中心工作；展开一个面，即分别叙述相关工作的做法措施、关键环节，遇到的问题、处置结果、收到的成效等内容。

4. 突出重点，莫泛泛而谈

汇报之前，你要想清楚你的中心内容是什么，分清楚轻重缓急。所说的话都要围绕中心内容展开。泛泛而谈，毫无重点的汇报显得很肤浅。而且，上司的时间是有限的，不用事无巨细地汇报，对于那些陈谷子烂芝麻、程序既定的工作，尽量不要提。

最简单有效的方法是，把你自己主管的或较为熟悉的、情况掌握全面的某项工作作为突破口，对典型事例加以分析提高和总结。

5. 提出解决问题的方案供上司选择

汇报工作最重要的是提出解决问题的方案，而不是简单地提出问题让上司去解决，这会让上司觉得你在推卸责任，而且上司并不一定比你掌握的情况多。如果事事都需要上司定夺，那要下属何用呢？

因此，在提出问题的同时应该提出多套方案，并将它的利弊了然于胸，必要时向上司阐述明白，让上司选择，并给予支持。上司如果有更好的方案，他自己会做补充。

别样的推销方式总是能激起消费者的好奇心，一些好的汇报工作的技巧也是我们自我营销的特点。掌握好了这些技巧，在职场中你离成功就更近了一步。

委婉地提出自己的意见

通常情况下，老板并不排斥员工向自己提意见，因为这至少能够表明员工非常关心企业的发展。作为下属，我们也有责任和义务就公司的运营和老板的决策等问题向老板提出自己的意见。然而很多时候，员工和老板之间会因为提意见而发生冲突。这并不是意见本身出了什么问题，而是提意见的方式方法出了问题。

从员工的角度来说，向老板提意见是出于好心，所以完全不用避讳什么，有什么就说什么；从老板的角度来说，自己是拥有决策权的人，对于员工的意见可以接受也可以不接受，这两种心理状态必然会导致冲突的发生。员工不分时间、不分场合地向老板提意见，并且主观希望老板能够接受自己的意见。而老板则认为员工不尊重自己，大庭广众之下驳自己的面子，还想强迫自己接受他的意见。此时员工和老板必然会产生矛盾。

虽然员工和老板之间存在提意见和听意见的需求，但是由于身份地位不同，员工在提意见的时候，一定不能不顾老板的感受，当众驳斥老板。这样会让老板产生一种不被尊重的感觉，自然会排斥员工所提的意见。

第十章 高效沟通，工作起来游刃有余

175

纣王无道，压迫百姓，天怒人怨。他的哥哥微子劝他不听，只好离开；叔父箕子向他进谏，结果被他囚禁了起来。

比干虽知纣王秉性，但是身为重臣，不可不为国家着想，于是对纣王苦苦相劝纣王不听。他叹息说："主上有过错不劝谏就是不忠，怕死不敢说真话就是不勇敢，即使劝谏不听被杀，也是值得的。"于是比干下决心冒死强谏。纣王被比干骂得哑口无言，恼羞成怒，说："我听说圣人的心有七窍，现在我要拿你的心来验证一下！"于是纣王就命人剖开比干的胸膛，挖出心来观赏。

虽然我们是出于好意，但是在向老板提意见的时候也必须要照顾到老板的面子，如果忽略了这一点，老板很难乐意接受我们的意见。在提意见的过程中，如果我们想让老板接受自己的意见，就必须考虑到老板的尊严。

老板非常在意面子问题，直言进谏这种激烈的提意见的方法最容易让老板下不了台，所以是最不可取的提意见方法。当我们有意见的时候，我们可以采取一种迂回的方式，将自己的意见一点点地渗透给老板。这种温和的提意见方式最容易让老板接受。

在"二战"期间，斯大林因为爱面子，听不进正确意见，总是做出自以为是的军事决定，这使红军吃了不少苦头。喜欢直言进谏的朱可夫曾被斯大林一怒之下赶出了大本营，但华西列夫斯基提出的意见却能被斯大林采纳。

华西列夫斯基提建议的时候，懂得给斯大林留面子，他总是在潜移默化中让斯大林心悦诚服地接受自己的意见。华西列夫斯基喜欢同斯大林"闲聊"，并在"不经意间"谈及自己对军事方面的见解，他从来不在斯大林面前大谈军事建议。等华西列夫斯基走后，斯大林往往会吸取华西列夫斯基好的想法。过不了多久，斯大林就会在军事会议上宣布这些想法，于是大家都纷纷称赞斯大林深谋远虑，但只有斯大林和华西列夫斯基心里清楚，谁才是真正的思想创意者。

当我们直接打着提意见的旗号向老板发动语言上的攻击的时候，老板自然而然地会做出抵御，而如果我们能够委婉地将自己的意见透露给老板，老板则很容易接受。

除了注意采用迂回的方式提意见以外，在提意见的时候，还要注意选择合适的时间和地点，以及注意说话的语气。

提意见的时间很重要。如果我们选择在老板最忙碌的时间提意见，意见被驳回的可能性就会很大，因为他们根本就没有时间听我们的意见。所以，一定要选在老板空闲的时间提意见。

提意见最忌讳在大庭广众之下进行。我们之所以会向老板提意见必然是因为老板有些地方做得不对或者不好。如果我们在大庭广众之下提意见，就等于是逼着老板在大庭广众之下承认自己的错误。老板肯定是不干的。所以，提意见应该在私下里进行。

提意见时说话的语气也很重要。通常情况下，老板不喜欢听到命令式的语气，这种语气会让他们极度反感。所以在向老板提意见的时候，一定要避免使用祈使句等语气强硬的语句。

别张口就向上司要工资

工资是我们找工作所要考虑的一个重要问题，但是我们不能把工资看成是工作的目的。一些没有职业规划的人总是把工资作为工作的第一要务，上司在这些人的眼里就是发工资的人，他们与上司联系的唯一纽带就是工资。当这些人认为工资低的时候，就会马上到上司面前去要工资，其他时间一概不理会上司的存在。这样的人在职场中是危险的，他们随时会被踢出局。

李华在一家工厂里做技术人员，他刚参加工作的时候是每个月2500块钱，按照约定，转正后每个月3500，接着每两个月涨一次工资。但是李华已经转正了三个月了，也没有给他涨工资，他实在坐不住了，决定去找厂里的领导谈一谈。

当他把自己的想法告诉给厂里的领导的时候，厂里的领导表示下个月就给他涨工资，于是又询问了他很多关于工作上的事情。

一个月之后，李华终于如愿以偿地拿到了想要的工资，于是他又成了那个默默无闻的技术员，每天上班下班。当其他和他一起进公司的同事约他一起和领导去谈谈心去的时候，他推辞道："有什么好说的啊？我给他干活？他给我工资就完了。"

一年以后，李华无意中听到和他一起进厂的两个人的工资都比他高，于是他又跑到厂领导那里要求加薪。这一次，厂领导没有那么痛快答应他的要求，而是把他骂了一顿："你进厂那么久了，找我谈过一次心吗？难道你对厂子就没有任何建议和意见，难道你就只知道闷头干活？就你这样没有认同感的人还想加工资，想都别想。"

又过了一段时间，那两个和李华一起进厂的人都升职了，李华心理很不平衡，又去找领导，领导给出了这样的答复："我并不了解你是一个什么样的人，虽然我们不否认你的工作能力，但是由于我对你缺乏足够的了解，所以我不可能贸然地提拔你。"

如果我们不是仅仅为了眼前的工资，而是为了以后的发展而工作的，那就不要张口就找上司要工资，没事的时候和上司聊聊天，说说话，谈谈自己的真实想法，在与上司的交往过程中，拉近与上司的距离，这样就可以增加上司对我们的了解。在同等的条件下，上司首先提拔的人必然是那些他最为熟悉的人，因为只有熟悉的人才是值得信任的人。

其实让上司认识并了解自己并不是一件困难的事情。一些职场人士认为上司是高高在上的，他们不会愿意听我们这样的基层员工的"废话"，然而事实上上司是非常愿意倾听来自下层的声音。他们作为公司的管理者，要对整个公司的运营负责，所以他们迫切需要了解员工的想法，只是因为他们缺乏了解的渠道，所以只能作罢。如果我们能够主动与他们谈论这些问题，他们自然是乐意倾听的。

同上司打交道可以采取以下几种办法：

1. 留心公司的运作情况，向上司提出建设性的意见

如果我们能够就公司的管理和生产提出一些有建设性的建议，上司必然会乐意倾听我们的谈话，并且会对我们赞赏有加。

2. 多向上司请教工作中遇到的难题

当我们就自己工作中遇到的问题向上司请教的时候，他们一定乐于为我们排忧解难，我们因此还可以向上司证明自己是一个负责人的人。

当然，与上司进行私下的交流要选择适当的时间和场合，如果我们在上司忙得焦头烂额的时候与他们谈这些，必然会招来一顿训斥。

总而言之，我们要记住，不要张口就向上司要工资，上司更乐意倾听我们对公司的建设性意见。

第十章 高效沟通，工作起来游刃有余

179

第十一章
心中有尺度，嘴上有分寸

没有人愿意被当众纠正错误

每一个人都可能在职场中出现失误，当我们发现别人的错误并想要指出来的时候，我们千万不要当众这么做，否则会引起对方的反感。"人活一张脸，树活一张皮"，与人交往最忌讳的就是驳了别人的面子。

有些职场人士为人比较直爽，不喜欢拐弯抹角，因此当看到别人有错误的时候，总是忍不住当场指出来。也许表面上看起来对方是真心实意地接受了你的意见，然而事实上他的心里已经非常不高兴了。当众指出别人的错误会让人很没面子，下不了台，这会在别人的心里种下怨恨的种子。

李军是一个眼里揉不得沙子、心里藏不住事情的人，因此他在办公室里成了一个专门纠错的人，这让整间办公室的人都非常郁闷。

有一天，有一个同事在打印一份报告，由于打印机出现了故障，所以打出了很多不能用的文件。那名同事正着急上火，赶着去找人修理打印机，所以顺手就把打印坏的文件扔在了桌子上。等到那位同事回来的时候，李军跑过去说："你看看你，也不知道注意一点，这些纸放在桌子上都被吹到了地上。"那同事讪讪地说："哦，我刚太着急了，没注意。"李军又说："下次注意一点。"然后就走了。

还有一回，李军从办公室的卫生间出来，跑到一名男同事面前说："刚才你在卫生间抽烟了吧？弄得整个卫生间都是烟味，熏死人了。以后抽烟到外面去抽。"整间办公室的人都看着那个同事，那同事涨红了脸。

每个人都不想让自己的错误被所有的人都知道，如果我们不加思考将别人的错误公之于众的话，别人自然会不乐意。虽然我们并没有恶意，但是当着那么多人的面说出来会让他们的面子上很难过得去。或许我们可以用别的方式点醒他，或者是私下里指出他们的错误，这样就不会驳了他们的面子。

我们不能当众指出同事的错误，也不能当众指出老板的错误。老板也是普通人，也会犯错误，但是他们必须要在下属面前树立威信，所以，不要当众驳老板的面子，那会让他当众下不了台。

某公司在召开年度总结大会，老板在台上就全年的公司运营状况进行详细的介绍，突然一名员工站了起来，大声喊道："错了，错了，您刚才说的数字错了，那是上个季度统计的数字，年底的应该是……"

老板听到这话羞得面红耳赤，脸色变得要多难看有多难看，这突如其来的状况让老板措手不及。

很多时候，人们在批评别人时其实是对别人尊严的挑战，很容易引起对方的反感和憎恶，所以在批评别人时一定要注意保护好对方的自尊心，运用巧妙的批评方式才能让对方乐于接受。

年初的时候，公司新招聘了一批员工，这天中午，老板要亲自给这些员工开动员大会。大会开始的时候，老板逐一对新进的员工点名。
"黄磊。"
"到。"
"覃惠。"
底下无一人回答，老板又大声地喊了一声"覃惠"，这时一个女生站了起来说："我叫覃（qín）惠，不叫覃（tán）惠。"底下发出了一阵笑声，老板的表情变得非常不自然。这个时候老板的秘书邢丽站起来说：

第十一章 心中有尺度，嘴上有分寸

183

"报告，是我不小心打错了字。"老板心领神会地说："下次注意。"

老板的权威不容挑战，作为下属无论什么时候，我们都不能当众指出他们的错误。而面对老板的决策性失误，作为下属的我们是有责任、有必要指出来的，但是同样也不能当众指出。我们可以选择私下里到老板的办公室去谈，也可以选择以书面报告的形式来谈，总而言之，一定要维护老板的威严。

我们一定要学会照顾别人的面子，当我们意识到别人的错误的时候，我们要选择适当的方式方法指出别的错误。不要为了彰显自己的聪明而当众指出别人的错误，这样的人在职场中永远是不受欢迎的。

打人不打脸，说人不揭短

中国有句俗语："打人不打脸，说人不揭短。"每个人都有自己的长处和短处，而短处正是每一个人的痛处，谁都不愿意被人提及。

在人际交往中，每个人都有一根最为敏感的神经，那是人的底线，是触碰不得的。在平时的言语中，我们千万不能提及别人的短处。虽然很多时候我们会看到有些人拿自己的短处开涮，但是这只能限于自己，若是别人拿他们的短处开玩笑的话，很有可能会让他们恼羞成怒。所以，当我们想要活跃一下办公室的气氛的时候，千万要记住不要拿别人的短处开玩笑。

齐德生天生秃顶，这一天中午休息的时候，大家都没有事情做，于是就在一起聊天。当同事们聊起齐德生的发明已经申请了专利的时候，一名同事说道："热闹的马路不长草，聪明的脑袋不长毛啊。"所有的同事哄堂大笑，齐德生却气得干瞪眼。

我们在办公室里不可能只是闷头工作，什么别的话都不说，但是说话的时候一定要注意。当我们和别人开玩笑的时候，一定不要取笑别人的短处，这种幽默方式对于旁人来说当然是一种幽默，但是对于当事人来说，却是一种伤害。短处是一种忌讳，它是潜藏在人们内心深处的一块伤疤，我们每次拿出来说的时候，就等于再一次把他们的伤口撕裂。这种痛处不是每一个人都能忍受的。

短处是一种忌讳，它涉及尊严的问题，我们一次次重复别人的短处，就等于是在一次次地冒犯别人的尊严，因此必然会引起别人的反感。这种因尊严问题而结下的怨恨是难以解除和弥补的。

李键锋身材瘦小，曾经还因为这个原因未能进入省体育队，所以他很反感朋友提及这些，因为对他而言，身材是自己的缺点和劣势，是自己的心伤。李键锋有一个朋友叫万泉，身材魁梧，经常为此感到自豪，特别是与李键锋走在一起时，更是感觉很有优越感。

在一次好友聚会上，万泉跟大家闲聊时扯到了身高方面的话题，伴着酒兴，他越说越兴奋，越说越直白。说自己的身高是很多女孩子追求他的一大理由，他还举例说一个追求他的女孩表示："男人太矮小显得先天不足，没有气质，很难激发女性的兴趣。"在场的好友听到这里，都很自觉地停止了哄笑，还咳嗽示意万泉打住，但是万泉根本没有领会其意，还继续聊着，最后还拿李键锋的身材开起玩笑。李键锋脸色苍白，顿时无语。尽管李键锋最终还是控制住了自己的情绪，但是对万泉感到很反感。之后，李键锋每次见到万泉都没有和他交谈的欲望，更不会回应万泉的求助。

短处和长处是相对的，每个人的身上都有短处，换个角度来思考，如果别人总是拿自己的短处来开玩笑，自己会是一种什么感受，所以将心比心，千万不要拿别人的短处来说事。虽然拿自己的长处与别人的短处比会让自己产生一种无比的优越感，但是这种优越感却是造成人际关系淡漠的元凶。当我们总是在一个身材臃肿的人面前谈论身材问题时，对方必然会远离我们；当我们总是在一个出身贫寒的人面前谈论家世时，对方会自动躲避我们。所以，千万不要揭别人的短。

当我们与同事闲聊的时候，一定要注意自己说话的内容，不要因谈得高兴而忘乎所以，该说的不该说的都往外说。一定要做到"当着和尚不骂贼秃"。很多职场人士在这一点上做得并不差。但是一旦和同事发生摩擦和口角，为图一时的痛快，就再也不会顾及那么多了，反而专往别人的"死穴"上点，什么话能让对方生气就说什么话。

这样的做法没有任何好处，只会让矛盾升级，让同事关系更加紧张。很多时候，职场上的矛盾冲突并不是由什么大事引起的，如果大家能够心平气和地慢慢谈，很快就可以解决。但是很多时候我们难以保持冷静。为了打击对方的"嚣张气焰"，专门戳对方的痛处，结果矛盾越来越大。

在职场中，我们不可避免地会和同事发生矛盾冲突，但是如果我们不想完全搞僵与同事之间的关系，那么无论我们多么生气，都不能口不择言，专往别人的短处上点。只有这样我们才能够拥有一个良好的职场环境。

"我不知道"并不能让你逃脱惩罚

身在职场，我们没有任何权利向老板说"我不知道"，"我不知道"也不可能成为逃脱惩罚的借口，因为从我们踏进职场的那一刻起，我们就应该了解工作的全部内容。所有因"不知道"而造成的工作失误都必须由我们自己来承担。

一些职场人士对于因"不知道"而受到惩罚感到非常委屈，尤其是职场新人，由于刚刚踏进职场，必然对很多事情不是很熟悉，在他们看来，"不知道"应该是可以被原谅的。但是对于老板来说，错误就是错误，因你的错误给公司造成了损失，你就必须受到惩罚。既然身在那个职位上，就有必要了解所有的工作内容，"不知道"本身就是能力不足的一种表现。

尹云刚刚进入一家公司做策划工作，刚刚走上工作岗位的她满腔热血，希望能够在工作中做出好成绩。但是事情并没有她想得那么一帆风顺，刚刚工作一周，她就被部门经理狠狠地批了一顿。

尹云进入公司之后就接手了一个策划案，为了这个策划案，尹云忙碌了一周的时间，在周五的下午，她将这份策划案以电子稿的形式发给了经理，经理看完之后，对她的策划案还是挺满意的。

到了第二周的周一，经理让尹云将策划案打印出来，尹云当场愣住了，小声地对经理说："上周五不是发给您了吗？"经理说："是啊，但是还要把电子稿打印出来啊。"尹云说："我发给您之后就直接把电子稿给删除了，您那里还有吗？"经理一听火上来了："你干吗要删除啊，我

那里哪里还有那份策划案啊。我天天要接收那么多的东西，看完之后就直接删掉了。咱们公司哪个人会像你一样，把做出来的东西随便删除！"尹云委屈地说："我也不知道啊，您又没告诉我您没有留底，我觉得已经发给您了，所以就删掉了。""你傻啊，你不知道也不问一声，现在怎么办，一周的工夫白费了，真没用。"

任何一个职场新人都不可能一点错误不犯。当我们走进一家新的公司的时候，我们对于公司的运营、公司的管理、工作的内容和性质以及公司的人事关系等可能都不太了解，在这种情况下，错误在所难免。但是，我们不能对老板说"我不知道"，不能以此为借口应对老板的责问。虽然老板知道我们有很多事情并不知道，但是从他们的角度来看，说"我不知道"的人是在推卸自己的责任，老板能容忍员工犯错误，但是绝对不会容忍员工不负责任。

如果职场新人说"我不知道"还可以原谅的话，那么老员工说"我不知道"是绝不可原谅的。身为老员工，无论是对公司的状况，还是对工作本身都有了足够深入的了解，正常情况下是不会出现"不知道"的情况的，如果我们经常把"我不知道"挂在嘴边，那么老板几乎就可以认定我们是一个不负责任、没有担当、不认真工作的人。

老板所关注的只是结果，而不是过程，只要结果不好，无论是什么原因造成的，我们都是逃脱不了关系的。既然如此，我们又何必对老板说"我不知道"，损害我们在老板眼中的形象呢。错了就是错了，只要我们敢于认错，勇于担当，老板就会原谅我们。更何况，我们如果习惯于用"我不知道"来敷衍塞责，就会失去改进工作方式、提高工作能力的动力，这才是我们职场发展的最大障碍。

别用"我以为"来为自己辩解

一些职场人士犯错之后，在面对上司的责问的时候，总是会以"我以为……"来为自己辩解，似乎这样就可以推脱自己的责任。然而老板并不接受这样的"我以为"，"我以为"强调的只是一种主观的感受和见解，并不代表客观的事实。在客观事实面前以"我以为"来为自己开脱是完全行不通的，而且会让老板更加反感。

一位妈妈将自己的孩子放在床边后，就自己整理床铺去了，突然孩子掉在了地上，哇哇大哭。孩子的爸爸听到之后，赶忙进来问是怎么回事，孩子的母亲解释说："我把他放在床边上，以为他坐稳了。"孩子的爸爸生气地说："你以为，什么都是你以为，你以为的事情不一定对。"

是的，我们以为的事情并不一定对，所以，我们要尊重客观事实，不能以"我以为"为准则来行事，同时当因为"我以为"而做错事之后，我们更加不能以"我以为"来解释。身为公司的员工，做任何事情都应该按照上司的安排和公司的要求来做，而不能以我们自己的想法为标准来做事。当我们做错事情之后，就应该负起自己应该承担的责任，而决不可以"我以为"为自己开脱。

在一个有着明确的体系结构的公司里，员工上级下级有不同的分工，如果出现了差错，每一个人都以"我以为"来开脱，事情就永远也得不到解决。所以，任何老板都不会容忍员工整天说"我以为"。

第十一章 心中有尺度，嘴上有分寸

189

郑磊刚刚进入一家公司，还在试用期阶段。这一天他正在办公室里起草一份文件，突然经理打来电话，说一会儿老总将带着高层领导一起前来视察办公环境，让郑磊赶紧去把所有办公室的门都打开。

郑磊忙起身去忙这件事情。当他走到副经理的办公室的时候，听到办公室里有动静，就以为办公室有人，于是就隔过去开其他的办公室门了。过了一会，经理带着老总和公司的高层领导们过来了，不一会他们走到了副经理的办公室门口，经理一边介绍说"这是陈经理的办公室"，一边推门，但门却没推开。尴尬的经理只好对领导们说："副经理不在，还是先到别的办公室看看吧。"

老总走后，经理把郑磊叫进了办公室，问副经理的办公室的门为什么没有打开。郑磊解释说："我去开门的时候，听到里头有动静，以为副经理在里面呢，所以就没有去开门。"经理听完什么也没有说。

试用期结束之后，郑磊失去了工作。

任何错误的产生都是有原因的，但是当错误摆在眼前的时候，我们第一件要做的事情不是去解释，而是承认错误，并承担责任。在我们把责任揽过来之后再去解释就比较容易被老板接受。

无论在什么情况下，都不要对老板说"我以为"这个主观色彩浓重的词。在公司里，老板才是最大的，我们要做的事情是按照他们的要求完成自己的本职工作，而不是和老板站在对立的角度与他进行辩论。在老板没有要求我们发言或者是谈谈我们的看法的时候，千万不要以"我以为"开始对老板进行游说，以免触怒老板。

当老板要求我们就工作或者是某一件事情发表我们的看法的时候，"我以为"强调的是一种个人见解，它将决策权交给老板，是对老板的尊重。而在老板没有要求我们提意见的时候，"我以为"就是对老板权威的一种挑战。

得理不饶人会让你输掉全局

　　同在一个办公室里工作，抬头不见低头见，磕磕碰碰总是难免的，如果我们得理不饶人，就会得不偿失。我们不如学着豁达一点，用宽容之心对待同事，大事化小，小事化了，这样对自己和同事都是有好处的。

　　办公室是工作的地方，不是吵架的地方，任何老板都不愿意见到自己的员工整天为了一些鸡毛蒜皮的小事吵来吵去。通常情况下，秉着一碗水端平的原则，老板不会因为我们是对的而帮着我们，如果我们得理不饶人的话，我们的"有理"也会变成"无理"。同事们也会因我们的"得理不饶人"而对我们敬而远之。我们虽然争来了一时的胜利，却输掉了全局。所以，在办公室中，一定要本着"得理让三分"的原则来处理与同事之间的摩擦。

　　朱灿是一家公司的小职员，她们办公室里一共有 10 名员工，在这样一个简单的环境下，朱灿还是没能赢得人心，原因就在于她得理不饶人。

　　那一天早上，朱灿接了一杯水正往办公室桌前走，同事小刘匆匆忙忙地从外面赶回来，和她撞了个满怀，结果一杯水就倒在了朱灿的身上。小刘见状，一边扯过纸来给她擦，一边忙说："对不起，对不起，今天起晚了，差点迟到，撞到你真是不好意思。"朱灿大声地喊："你怎么回事，走路不看着点，跑那么快干吗呀？前面又没有钞票让你捡。"小刘愣了一下继续说："真是对不起，要不，我晚上回去的时候把你的

衣服带回去洗?"朱灿"哼"了一声说:"谁稀罕啊。"然后往自己的办公桌前走去,本来事情就这样完了,谁知道朱灿又嘟囔了一句:"走路不长眼。"

这下子小刘忍不住了:"我都已经给你道歉了,你还想怎么样啊?"朱灿反唇相讥道:"你冲我喊什么,你不对在先,还好意思喊。杀了人之后再道歉有用吗?"小刘说:"有那么严重吗?不就是一点儿水吗?"朱灿又说:"什么叫有那么严重吗?要不我泼你一下试试?"

周围的同事纷纷过来劝,但是朱灿就是不理会,眼看到了上班的时间,朱灿还在那里嘟嘟囔囔。这个时候经理过来了,把他们两个狠狠地批了一顿。之后,经理找人了解情况,同事们把事情的经过告诉经理之后,经理也认为朱灿有点小题大做。同事们更是不再愿意和朱灿说话了。

在办公室里,根本就不值得因一些鸡毛蒜皮的小事和同事大吵大闹,更没有必要分个谁是谁非,让一步,大家还能够和平相处;争一步,则会失掉人心。所以,在处理与同事之间的摩擦的时候,一定要保持理性,千万不能因为自己占理了就不饶人。得理不饶人,不仅会失去被我们损伤尊严的同事的好感,同时也会失去其他同事的好感,他们会认为我们是一个不给人留余地的人,是一个很难相处的人。当这些言论传到上司的耳朵里的时候,我们同时也会失去上司的好感。所以切莫得理不饶人。

我们之所以会得理不饶人,主要是因为面子在作怪,在我们看来,只有让对方彻底折服,才能让自己更有面子。而事实却恰好相反,让对方彻底折服,在损伤他人的尊严的同时也伤了自己的面子。如果我们能够让一步,我们就会被更多人敬佩,那样才是真的有面子。

为此,当与同事产生矛盾时,我们一定要有话好好说,切记不可因为面子问题而把矛盾升级。在办公室里与人相处要友善,说话要和气。虽然有时候,大家的意见不能够统一,但是有意见可以保留,对于那些原则性并不是很强的问题，没有必要争得你死我活。有些问题根本就不值得提出来，你也不希望大动干戈地把小分歧变成大冲突。如果一味好辩逞强，会让同事们对你敬而远之。

那些得理不饶人的人，在办公室是没有办法生存的。因为没有同事愿意和他们在一起，当别人不小心犯了个错误时，他们总是会喋喋不休地批评或者指责别人，让同事在大家面前抬不起头来，有谁愿意和这样的一个人共事呢？所以要想改变自己，要想在职场上发展得更好，那么你在与同事交谈时，就一定要学会克制自己，不能总在嘴巴上战胜同事，否则时间长了，同事就会逐渐疏远你。

聪明的人都善于把精明智慧放在心上，智慧不是一个戴在脸上的华丽面具，也不是老挂在嘴旁的口头禅，精明智慧只应体现在踏踏实实的人生进程中。所以，我们在待人接物时，要善于发现别人的长处，尊重别人，不要动辄就口无遮拦地对别人评头论足、议论别人的美丑贤愚，不要老揪住别人的小过失不放。我们如果不学会尊重各种各样的人，就会被大家所抛弃。因此，要想在职场有所发展，那就要和周围同事打好关系，当同事犯错时，不要一棍子打死，要做到有理也要让同事三分。只有这样，你才能获得好人缘，而好人缘正是你通向成功的强大后盾。

不要随便打断别人说话

随便打断别人说话和中途插话是一种很不礼貌的行为，是对被打断人的一种不尊重，习惯性地打断别人说话会影响我们的人际关系。当一个人正在兴致勃勃地发表自己的意见时，我们突然打断他的讲话，他心里能高兴吗？

培根曾说："打断别人、乱插话的人，甚至比发言冗长者更令人生厌。"那些不懂礼貌的人，总是会在别人兴高采烈、津津有味地讲述某件事情的时候，突然插入，打断别人的话头，使别人扫兴至极。每个人都有表现自己、表达自己的观点的欲望，但是我们不能因为自己要表现而剥夺他人表现的机会。如果我们不分时机、不分场合地随意打断他人的谈话，必然会让他人非常反感。

一天，中午休息的时候，办公室里的几个同事围在一起聊天，林宁也加入其中。当大家都津津有味地听一个同事讲故事的时候，林宁突然说了一句："你说的这个故事，我看到过。"那名同事显得非常尴尬，不知道如何是好。幸亏其他同事纷纷打圆场说："你接着讲，我们都没有听过。"这才缓解了尴尬的气氛。

在别人讲话的时候，无论我们是否认同对方的观点都不应该给予否定，我们否定的语言会让对方非常难堪。谈话是一个说与听互动的过程，当对方在说的时候，我们扮演的就是听的角色。只有当对方扮演听的角色的时候，我们才顺其自然地转化或说的角色。如果我们不遵循这个原则，在别人说话的时候突然插嘴，就会打破谈话的平衡状态，使得谈话不欢而散。

每个人都有权利就正在探讨的话题发表自己的意见，但是我们要注意发表意见的时机，如果我们在别人发表意见的时候，插入自己的反对意见，那么探讨就变成了一种针锋相对。在很多情况下，他人的谈话内容往往会刺激我们产生很多新的观点，有的时候，我们急于把自己的观点表现出来，因而在别人的谈话还没有结束之前就打断他人的谈话，插入自己的观点。这种行为是不可取的。

不打断别人的谈话是一种修养，是对他人的一种尊重，无论对方的谈话内容是否符合我们的心意，我们都应该耐着性子听完。事实上在我们没有听完对方的谈话之前就轻易地打断他人的谈话，往往会造成对他人谈话内容的误解。我们如果耐着性子听完，或许会从对方的谈话内容中获得很多有益的东西。

在平时与同事的闲聊中打断他人的谈话除了会影响人际关系以外，还会造成其他更大的影响。但是如果我们在他人探讨工作问题的时候打断他人的谈话，只怕会给他人造成更大的损失。因此，身在职场中，我们一定不要随意打断他人的谈话。

段虹是个开朗外向的女孩，不仅思维敏捷，而且做事很有魄力，颇得上司器重，连她自己也觉得前途无量。

周五下午，各部门都要按照公司规定召开例会。段虹和同事们来到会议室才发现，其他部门的例会还没有开完，于是，大家只好在门外等候。这时，她却自己推门闯了进去，并且很不礼貌地打断了部门经理的话，开始发表自己的一番见解。正在开会的人对她这一通指手画脚的评论，相当反感，纷纷起身离开。

后来又有一次，老板正在和客户谈生意，这个时候段虹正好过来向老板汇报工作。虽然她看到了老板在和别人说话，但她还是直接打断了老板的谈话说："老板，今天上午……"老板直接说："你先出去，一会再说。"段虹说："我就几句话，耽误不了多长时间。"老板急了："让你出去你没听见啊？"段虹气鼓鼓地走出了老板的办公室。

当我们不清楚对方在谈什么事情的时候，最好不要贸然地打断对方的谈话，因为我们的打断很有可能给他们造成巨大的损失。在职场中，上司的谈话是绝对不能打断的。比如，上司在给我们安排任务，我们有点没听明白，那也要在上司把所有的事情交代完之后，才能发问。如果我们随着自己的性子打断上司的谈话，很有可能会让上司暴跳如雷。

说话时别触碰上司的软肋

上司是公司的权威，也是公司的领头人，他们需要在员工面前起榜样的作用。因此，无论是在什么情况下，即使是在闲聊的时候，也要避开上司的软肋。上司和每个人都一样，也有自己的缺陷。因此，我们要把上司的缺陷牢牢地印在脑子里，时刻提醒自己说话的时候小心，千万不要提及这方面的内容。

每个人对于自己的缺陷都是非常敏感的，所以，千万不要以为自己并没有说上司就没事了，虽然我们并没有嘲讽上司的缺陷，但是如果我们说了和上司的缺陷有关的话被上司听到了，他们也会认为是在说他们。不要责怪上司的小心眼，因为几乎每个人都会这样。

所以，话在出口之前一定要仔细思量，千万不要触碰上司的软肋。

王辉的上司是一个个子不高、身材臃肿的人，有些不喜欢他的员工甚至在他的背后称他为"猪头"。因此，上司对于"胖"这个字眼一直是非常忌讳的。王辉在办公室的时候一直非常小心，尽量不提这方面的事情，因此他和上司的关系一直非常好。但是一次疏忽，导致他和上司的关系彻底破裂。

这一天，上司带着王辉参加一个饭局，饭局里的人都是上司的大学同学，大家毫无避讳，什么话都说，上司心情也非常好，因此，王辉在饭局里也非常放得开。

三杯下肚之后，大家聊起了大学时候的事，其中一个人就说到了当年他追学校校花的事情。他说，当时他们大学最有名的校花竟然看上了一个挺矮、挺胖，长得不怎么样的男生，想来那个女生真是傻！深有体会的王辉随声附和道："有些人长得不怎样，又圆又矮，真不知道哪里来的那么多信心，追女生、办企业，竟然还挺成功，想不通啊。"当他说完这些话的时候，才感觉有点不对，转头往自己上司方向看去，只见上司在那里坐着，脸色阴沉。

从那以后，王辉和上司的关系陷入了僵局，不久之后王辉便辞职了。

缺陷是人最为敏感的神经，所以，无论在什么时候我们都不能谈及与上司缺陷有关的内容，以防触碰上司的敏感神经。上司的自尊心比其他人更加强烈，上司尤其在意自己下属对自己的看法。因此，我们不仅不要谈论上司的缺陷，也不要谈论和上司缺陷相关的内容。

在办公室里闲聊的时候，难免会聊一些职场上的话题，这个时候，我们不要为了表现自己而在众人面前侃侃而谈。最好不要参与谈论涉及上司的话题，我们只要坐在那里静静地听就好了。如果实在要说些什么，就客观、简洁地把自己的观点陈述一下就行了，千万不要情绪化地说一些不该说的话。

别把黄色笑话当幽默

职场中部分人非常开放，很多以前不能放在台面上说的话题，如今都被引入了职场闲聊的内容中。尤其是一些男性职员，经常会把一些黄色笑话当作一种幽默，在办公室里公开谈论。他们认为黄色幽默可以调节气氛，但这却让女同事很尴尬。所以，千万不要把讲黄色笑话当幽

默，那不是幽默，而是一种低俗不堪的行为，它唯一能证明的就是你思想的低俗。

一些职场人士或许并没有其他的意思，只是单纯地想展现一下自己的幽默。黄色笑话虽然是笑话的一种，但是却不适合在办公室这个公开的场合来说，毕竟办公室里有很多的同事，并不是每一个人都能够接受这种幽默。有很多同事也许并不会因为你的黄色笑话而称赞你的幽默，反而会对你产生反感。老板更不会因为你的黄色笑话而认为你聪明能干。所以，千万不要在办公室里讲黄色笑话。

周刚大学一毕业就和一批和他年龄相仿的年轻人一起进入了一家国企工作，由于大家年龄相仿，志趣相投，所以同事之间的关系非常好。但是不知道从哪天开始，办公室里有人开始讲黄色笑话，而且讲的人越来越多，尤其是周刚更是这方面的"专家"，经常在大家工作最苦闷的时候，来上那么一个，让大家从苦闷的情绪中"解脱"出来。

在周刚的带动下，办公室里的男员工情绪高昂，经常要求周刚讲，周刚也不推辞，有时候还故意问女同事能不能听懂。几个女同事一开始的时候还能够忍受，但是到了后来实在是受不了了。每次他们要讲的时候，女同事就躲出去。这一天，周刚的兴致又上来了，几个女同事匆匆跑到了走廊上。

这个时候，公司的领导正好来视察工作，看到几名女员工在走廊上站着嘀嘀咕咕，于是上前询问。女员工脸涨得通红，半天没说出一句话来。不耐烦的领导亲自走进了周刚所在的办公室。

此时，情绪高昂、唾沫横飞地表演着自己的"拿手绝活"的周刚被推门进来的领导抓了个正着。

不久之后，周刚就因为在上班期间传播不健康思想而被开除。

办公室是工作的地方，是一个公共场合，在这样的公共场合里，我们必须学会遵守一定的社会公德，黄色笑话这种低品位的幽默是绝对不应该出现在办公室里的。身在职场，我们就必须学会主动杜绝这些"黄色垃圾"。否则只会白白地断送自己的前程。

在办公室里绝对不要讲黄色笑话。一方面，并不是每一个办公室的成员都能接受你的黄色笑话，那些对黄色笑话非常反感的同事必然会因为你的低俗而厌恶你，另一方面，即使每个人都能接受你的黄色笑话，但是这种低俗的幽默必然是不被领导所接受的，领导需要的是一个纯洁的办公环境，是一个良好的工作场所，而不是传播黄色信息的肮脏场所。

男性讲黄色笑话或许还不会引起很大的震动，但是一个女性如果也参与到黄色笑话中来，那么必然会让人看轻。参与黄色笑话的话题讨论的女性，会给人一种不庄重、不自重、不自尊、不自爱的感觉。所以，无论是谁，都应该在办公室里抵制黄色笑话。

一方面，我们不主动挑起黄色笑话的话题。作为一个职场人士，我们不要忘了自己的职责，黄色笑话始终是一个低俗的东西，我们必须从内心里摒弃它。

另一方面，面对同事的黄色笑话我们要学会抵制。尤其是一些女性，千万不能纵容男性同事的恶习。如果办公室里讲黄色笑话的氛围不是很强烈，完全可以不予理会让他们说他们的；如果他们经常性地讲黄色笑话，那可以选择躲避的办法；如果他们的黄色笑话带有很强烈的挑逗意味，那我们就要强烈反击；如果他们怙恶不悛，则可以向上级反映。

总而言之，黄色笑话不是一种幽默，是不应该出现在办公场合的，作为职场人士既不要主动传播，也不要做传播的帮凶。

第十一章 心中有尺度，嘴上有分寸